お金も夢も引き寄せる
魔法の法則

Beautiful Money Mind

ビューティフル
マネー
マインド

$ミリオネアコーチ
アマーリア香織

みらい PUBLISHING

Beautiful Money Mind

ビューティフル　マネー　マインド

お金も夢も引き寄せる魔法の法則

アマーリア香織

はじめに

お金から愛される人生を送る

この本を手に取っていただき、ありがとうございます。

私たちが生活するうえで、なくてはならない「お金」。
あなたは、お金とどのようにお付き合いしていますか？
お金ってものを買うだけじゃないの？　という人もいれば、
よくわからないから考えたくないかな〜　という人もいるでしょう。

ほぼ毎日使っているのに、
学校ではお金の扱い方や向き合い方を教えてくれることはありません。
不思議だと思いませんか？

私はお金とのお付き合いは恋愛関係に似ていると思っています。
大好きな相手とラブラブになれたらハッピーなように、
お金とも両想いになって、溺愛されたらどうでしょう？

あなたが願えば、ポン！　とお金の方からあなたのためにやってきてくれる。
最高だと思いませんか？

お金の不安がある方ならなおさらですよね。
でも、心配はいりません。

お金から愛されるためには、
才能や年齢、スタート地点は一切関係ありません。
あなたが、スイッチオンをすれば、
お金が自然と集まり、そしていつの日か、
「あなたが好きだ」とプロポーズを受けるのです。

この本はお金の本ですが、投資や稼ぐ方法、節約や貯金の方法をお伝えするものではありません。また、「お金が無限にザクザク引き寄せられる」、「願っているだけでお金が入ったり、夢が叶ったりする」などといった、ふわふわした内容でもありません。

お金の方からやってくる、

そんな、「お金から愛される人になる」ための本です。

のっけから戸惑われるかもしれませんね。

「お金持ちになりたい」と思ったことはあっても、「愛されたい」と思ったことのある方はあまりいらっしゃらないのではないでしょうか。

私はこれまで、数々のお金持ちと呼ばれる方々との交流、そして数万人のお金の悩みを聞いてきました。

それらの実例から共通して言えることは、幸せなお金持ちの人たちは、**望むだけのお金がベストなタイミングで手に入っている、**ということ。まるでお金から愛されているかのようなのです。

私はこれらの経験からお金があるなしを中心にした本ではなく、あなた自身が**豊かになるために、本当に大切なこと**を伝えたいと思っています。その本質がわかれば、お金について悩まなくても勝手にお金の方からあなたを求めてやってきます。


はじめまして。

ドバイ在住、$ミリオネアコーチのアマーリア香織と申します。

スピリチュアルな考え方をベースに、幸せで豊かになれるお金マインドの講座や講演を行っています。中でも、お金とラブラブになって、望むだけのお金がベストなタイミングで手に入るようになる『お金がポン！　講座』は、今まで3700人以上の方が受講し、大きく人生を変化させました。

受講生さんの中には
・高額で払えないと受講を諦めていた講座と同額のお金が入ってきた。
・全く予想していなかった還付金があり、やりたいことに自己投資できた。

・子どもの私立の学費に悩んでいたら、大学卒業までの学費を貰えることになった！

など、ほとんどの方が、十万円単位のお金から何千万円単位のお金まで、ベストなタイミングでお金がポン！　といきなり入ってくる経験をしています。

私がなぜ、お金マインドの専門家として、多くの方に幸せで豊かになれるマインドの作り方を広める活動をしているのか、その経緯について少しお話しさせてください。

私は、幼少期、父の転勤でスイスで暮らし、帰国後は帰国子女として日本で過ごし、大学卒業後、広告代理店に勤め、バリバリ働き、何不自由なく過ごしていました。

しかし、結婚してから思わぬトラブルに見舞われます。

というのは、家庭内で多額の借金を背負う羽目になったのです。

お金がないので気持ちがギスギスし、お金が原因で夫との喧嘩の絶えない日々……。

なんとか早く借金地獄から抜け出すために起業したものの、月に3万円ほどしか稼ぐことができず、頭の中はお金でいっぱい。そして、追い打ちをかけるように母の末期癌が発覚……。母の治療費を援助したくてもできない……お金がないつらさや惨めさを嫌というほど味わいました。

私は、「このままではいけない、もうお金に振り回される人生は嫌だ！」と、何かに突き動かされるように必死でお金について学びだしました。

学ぶといっても、当時は本当にお金がありませんでしたから本が中心でした。私はお金についての本を手あたり次第読み始めました。そして作家である本田健さんの本に出会うのです。

そこには、

・お金を肯定的なエネルギーと捉えること。
・豊かさと成功を信じ、それを引き寄せることが重要である。
・自分に必要なものは心に描けば絶対手に入れることができる。

など、私がお金について考えてもみなかったことがたくさん書いてありました。

当時の私は、お金がある、ないで一喜一憂していましたから、その本を読んでハッとしたのです。

それから、自分と向き合いながら、お金をどう捉えたらいいのか、どうすればお金が入ってくるのか、何度も自分を実験台に実践を繰り返し、お金の反応をみていきました。そうすると収入が少しずつ増えてきたり、まとまったお金がポン！　と入ってきたりするようになりました。

こうして生み出した方法を当時の受講生さんにも試してもらったところ、皆さん次々とお金やたくさんの豊かさを受け取るようになりました。この噂が広まり「方法を講座にして教えてほしい」という声が挙がり始めたのです。それが『お金がポン！　講座』をするきっかけになります。

今では、**独自の稼ぎで3人の子どもたちと、長年の夢だった海外移住を実現。ドバイに住み、知り合いがいないにも関わらず、モナコの舞踏会に招待されたり、憧れの海外**

の有名雑誌に成功したビジネスウーマンモデルとして何度も掲載されたり、カンヌ国際映画祭のレッドカーペットを3回歩いたりと、お金に悩んで頭を抱えていた日々から、信じられないほどの数々の夢を叶えることができました。

この本はそんな『お金がポン！　講座』のメソッドをたっぷりと収録しています。私や受講生さんが実際に試して結果が出た方法のみを詰め込んでいますが、根本には先人や師匠から得た知恵なども含まれるため、この本を手に取っていただいた方の中には見聞きした内容があって新鮮味を感じない方もいらっしゃるかもしれません。

でも、大切なのは、**「知っている」ことと「やっている」ことは違う**、ということです。

『破天荒フェニックス オンデーズ再生物語』（2018年 幻冬舎）の著者であり、借金14億円を抱え、倒産寸前といわれた実店舗型メガネチェーンOWNDAYS（オンデーズ）を再生させたことで有名な田中修治氏の、私の大好きな言葉で、

「知っていてできることをやれば、ある程度の夢は叶うのに、ほとんどの人はやらな

い」という言葉があります。

あなたがお金について悩んでいたり、問題を抱えていたり、なりたい自分になれていないとしたら、知っていることを**「やっている」状態**に少しずつしていきましょう！

この本がその第一歩になればと思います。

まずは、軽い気持ちでいいので、この本を読んでみてください。そして、あなたとお金との今の関係を知ることからはじめてください。そうすると現状を変えるきっかけがはっきりと見えてきます。

ただし、豊かになれる種を育てるのには、多少の時間がかかります。昨日まで種だったものが、突然実になることはないからです。

種は水をやって、徐々に育っていきます。それからようやくして花が咲くのです。ですから、焦らず1回だけでなく何度も読み、実践して豊かさの実を育ててほしいのです。

またこの豊かさの種が育つとお金だけではなく、人脈、ビジネスチャンスなどほしいものを引き寄せ、叶えることもできるようになります。

お金に縛られないようになれば、あなたはお金の不安から解放され、本来の自分の望む人生を手に入れることができます。この本で一人でも多くの方が豊かな人生を歩むことができますように。

あなたの人生を変えるきっかけになることを、私は願っています。

アマーリア香織

目次

2章　お金に愛されない理由はトラウマが9割？

3章　お金から愛される、ビューティフルマネーマインドの育て方

4章　美しいお金の流れを作るための8つのルール

5章　望むだけのお金を受け取った女性たち

最終章　お金にプロポーズされる人生を選ぼう

1章

お金から愛される人、愛されない人

お金と人との関係は恋愛関係に似ている⁉

お金と人との関係は恋愛関係に似ています。意志も感情もないただの紙切れと恋愛関係だなんて不思議に思われるかもしれませんね。

でも、実際は、世の中には、お金の方から「あなたと一緒にいたいです」と言い寄られ、溺愛される人と見向きもされない人がいます。

お金に溺愛される人は、欲しいと思ったベストなタイミングで必要なお金が入ってきます。望んでいた人脈やチャンスが不思議と舞い込んできます。

よって、お金の不安を抱えることなく、自分が心から望む思い通りの人生を送ることができます。

お金に愛されない人は、頑張って節約してもお金が貯まらず、お金のためだけに仕事をしています。
本当に望むことより、お金があるかないかを基準に判断し、行動するので、毎日お金のことばかり考え、お金に振り回されています。

お金から溺愛される人と愛されない人、いったい何が違うのでしょうか？

愛される人と聞くと、とびきりの美人だとか、高学歴だとか、恵まれた才能があるとか、結婚相手がお金持ちだとか、ひと握りの方だと思われるかもしれません。

でも、実際は違います。

もともと私たちは皆、お金から愛され、応援され、望めば望むだけの豊かさを受け取ることができるように生まれてきているのです。
しかし大人になると、ほとんどの方が、お金から愛されない行動を自らの意思でとってしまい、お金から愛されない状態を作り出してしまいます。

あなたは愛される人？　愛されない人？　どちらでしょうか。

まず、愛されない人の特徴６つをお伝えしましょう。あなたは当てはまるものがあるかチェックしてくださいね。

愛されない人の特徴❶
潜在意識が「お金が貯まること」を拒《こば》んでいる

「どれだけ稼いでも、頑張って節約しても、お金が貯まらない」という人がいます。

世間では、「稼げばお金が貯まる」または「倹約すればお金が貯まる」と言われています。ですが、実際にそうではない人が意外に多いのです。

なぜだと思われますか？

実はお金が貯まらない人には、「お金が貯まる」というマインドがありません。なぜなら、意識のどこかに「お金は貯まらないもの」もしくは「私はお金を貯めてはいけない」という思い込みが潜んでいるからです。

「いやいや、そんなはずはない、私はお金を貯めたいと思っているし、貯めようと努力している」とおっしゃる方もいるでしょう。

でも、その思い込みは、**意識できるレベルではなく、意識の深いところにある無意識（潜在意識）レベルのもの。幼少期のころからあなたの中に当たり前のこととして根付いているものなのです。だから気づくことがとても難しいのです。**

お金を節約しているのに一向に貯まらないというのは、私の受講生さんの中でもトップ3に入るくらい、多くの方が抱えている悩みです。

そんな方は、自分で気づかないところで無駄遣いをしていることが多いのです。無駄遣いをしない人でも、「お金を貯めてはいけない」、「お金は貯まらないものだ」と思い込んでいると、思わぬタイミングで予想外の出費が増えるのです。

例えば、いきなりパソコンや家電が故障して修理費がかかった、病気や怪我で医療費がかかった、スマホなどを紛失して買い直した、などの予想外の出費です。

あなたもせっかく節約してお金を貯めてきたのに、急な出費が発生してがっかりした経験はありませんか？

これは偶然に起きたことではなく、実は、**あなたが無意識で「お金は貯まらないもの」、「お金を貯めてはいけない」と信じていることそのものが、お金の動きやあなたの行動パターンに反映され、信じている通りの現実が起こるのです。**

つまり、お金が貯まらない方というのは、無意識で、お金の貯まらない行動をしたり、気づかないところで無駄使いをしたり、先ほど話したような「思わぬ出費」という現象を引き起こすのです。

愛されない人の特徴 ❷
お金をトラブルのもとだと思い込んでいる

一般的な例として、「お金はトラブルのもと」と信じて無意識的にお金を避ける人々もいます。

このような方の場合、お金が原因で両親が喧嘩するのを見て育っていたり、幼少期に家庭や親族の間でお金に関する問題があったりと、ほとんどの方が、お金が原因で苦労をした経験があります。

私の例でお話しすると、私の祖父は、一代で大きな会社を築き上げましたが、投資に失敗したことで巨額のお金を失い、病気になって他界しました。それを見て、私は「お金って人の命まで奪ってしまうのだ」とショックを受けて、それ以降お金は恐ろしいものだと思うようになりました。

だからお金が入ると嬉しい反面、何かトラブルが起きるんじゃないかという恐れが、自分の中の「トラウマ」となっていて、結果的にお金を遠ざけていたのです。このように「お金のトラウマ」を持っている方は、無意識にお金を遠ざける出来事を引き寄せてしまいます。

お金が貯まらない人は、
・お金を持つことに居心地の悪さを感じている
・お金のトラウマを持っている

このような特徴があり、どれだけ稼ぐことを頑張っても、出ていくのを抑えようとしても、何かしらの形で出ていってしまうものなのです。

あなたはお金を遠ざける人？
お金の口ぐせチェックリスト

あなたは普段お金についてどのように話していますか？「言霊」という言葉があるように、言葉自体にエネルギーがあります。あなたが発する言葉であなたの体や心が反応し、それがあなたの現実につながっていきます。

お金の口ぐせチェックリストで、あなたが普段口にしている言葉やフレーズを振り返り、自分の口ぐせを通してあなたとお金との関係を見てみましょう。

お金の口ぐせ　チェックリスト

当てはまるものに✓、しょっちゅう言うものに◎をつけてください

口ぐせのチェックが多いほど、無意識でお金を遠ざけている

■足りないことの口ぐせ		✓	◎
1	お金ってすぐ無くなるなぁ		
2	今はないから無理		
3	またなくなっちゃった（お金が）		
■お金を使うことに対しての後悔の口ぐせ		✓	◎
1	また余計な出費が／また余計にお金使っちゃった		
2	なんで私は無駄使いしてしまうんだろう		
3	こんなに使わなきゃよかった		
■お金についての願望の口ぐせ		✓	◎
1	もっとお金が欲しいなぁ／もっとお金があったらな		
2	宝くじ当たったらいいのに／宝くじ当たらないかな		
3	お金がある人が羨ましい／あの人はお金があっていいなぁ		
■お金がない状態への口ぐせ		✓	◎
1	お金ってあっという間になくなる！		
2	いつも私は（お金が）ギリギリ		
3	気づいたらお金って無くなっている		
■お金に関する自分への問いかけ		✓	◎
1	また支払いがある、どうしよう		
2	なんでこんなに少ないのかな（預金や給与明細を見て）		
3	老後のお金が不安、大丈夫かな？		
■お金を使う時の口ぐせ		✓	◎
1	たまには贅沢はいいよね／頑張ったご褒美に使おう		
2	このお金を使ったこと夫／妻に言えない		
3	払いたくないな（払わなきゃいけないものに対して）		
■お金の価値についての口ぐせ		✓	◎
1	もったいない		
2	それいくら？高い！		
3	えー！ぼったくり！高すぎる！		
■お金の観念に関する口ぐせ		✓	◎
1	お金を稼ぐのって大変！		
2	世の中は不公平だ（経済的なことに対して）		
3	私はお金持ちとは無縁		
■お金に関することわざ、言い回し		✓	◎
1	働かざる者食うべからず		
2	あぶく銭は残らない		
3	貧乏暇なし		

愛されない人の特徴❸
お金が好きだという自分を受け入れない

あなたは**「私はお金が大好き！」**と堂々と人に言えますか？　このように聞くと、ほとんどの方が返事に詰まるのです。心の中で思っていたとしても「お金が大好き！」なんてなかなか堂々と言えませんよね……。

さて、「お金が好き」となぜ言えないのでしょうか？

銭ゲバだと思われるから？
品がないと思われるから？

では、お金を人に置き換えてみましょう。
例えば、あなたの愛するパートナーが誰かに「彼・彼女のこと好き？」と質問したとします。パートナーがお茶を濁したり、「まあ、好きというか……、必要ではあるけどね」と返事をしたりしたとして、それをあなたが聞いたら、どう思いますか？

「え!?　私って必要なだけ？　愛してくれていないの!?」と思いませんか？

お金だって一緒なのです。

あなた自身が、お金が好きだということを受け入れていないと、お金から愛されることはできません。お金が好き、ということを言えないということは、お金を愛していないのと同じことではないでしょうか。


お金を好きと堂々と言えないのは、国民性もあるでしょう。

お金が欲しいと思っているのに、お金そのものを素直に受け入れることができない方は日本人に多いのです。


私がマレーシアに住んでいたころ、中華系の方々はお金が大好きでかつオープンで、初対面でも「収入はいくら？」、「家賃は？」などとお金に関するプライベートな話題を振ってくることが普通でした。

また、中国人の友人たちの話では、結婚相手を選ぶ際には性格や社会的ステイタス、容姿よりもまずお金を持っているか、どれだけ稼げるかが重要ということでした。

日本の女性の多くは理想の結婚相手を「誠実な人がいい」と答えたとしても、心の中では「できればお金持ちがいいかな」、「最低でも○○万円は稼いでほしい」と考えることもあるでしょう。

でも、なぜ堂々とお金持ちや稼げる人がいいと言えないのでしょうか？

稼ぐことは能力の一つであり、お金を持つことも素晴らしいことです。それなのに、世間では稼ぎの良い人やお金持ちの人と結婚したりすると、「お金に目が眩《くら》んだ」と否定的に思われることがあるのはなぜでしょうか？

このように、お金に対してオープンでないと、お金を愛することに抵抗を感じ、結果としてお金からも愛されないのです。

愛されない人の特徴❹
お金の本質を知らず、お金を大切に扱っていない

お金は、私たちの思いや努力が具現化した形として現れるエネルギーです。**それらがお金に代わっていることに気づかずに、お金がある、ないという現実のみに注目していると、お金の本質から遠のいてしまうことになります。**

あなたは、お金を支払う時やお金がなくなると、ため息をついたり、欲しいかどうかよりも値段で選んだり、安いから取りあえず買っておこう！　というような行動をとっていませんか？

お金を支払うことは、代わりに何かを手に入れる交換の行為です。

本来、必要なものや欲しいと思うものに対価としてお金を払い、その対価となるものが手元にやってきます。つまり、エネルギーの流れはプラスマイナスゼロなのです。それなのにお金がなくなることに対して、残念な思いや焦りを感じるのはなぜなのでしょ

うか？

また、欲しいものではなく「価格が安いから」、「セールだから」という理由でつい買ってしまう行動も、お金の本質について考えずにお金の有無だけに注目している証拠です。お金を大切に扱うことができていないのです。私たちが手にするお金は、ただの紙幣や硬貨ではなく、私たちの内面から湧き上がる願いや意欲が、現実の世界に具現化されたものなのです。だからこそ、お金を大切に扱うことは、自分自身と向き合い、内なる思いを尊重することともつながっているのです。

お金持ちの人は「長財布にピン札を揃えて入れている」と聞いたことはありませんか？　それは、その人がお金を大事に扱っている行動の表れなのです。だから、お金持ちの真似をして、その行動だけを真似てもお金持ちになることはできません。

お金の本質を知って、お金を大切に扱うことが大事なのです。

愛されない人の特徴❺
お金や豊かさを素直に受け取れない

私たち日本人には「謙遜」を尊ぶ文化があります。それは大変素晴らしいものですが、それがお金や豊かさを受け取れない原因になっている、ということを知っていますか？

例えば、贈り物や何かの好意を差し出されたら、一度はお断りするのがマナーだとか、内祝い、結納返しなど、何かのおりにお祝いをいただいたらお返しをするのが礼儀だと私たちは教わってきました。

そのせいか、単純に人の好意を受け取るだけ、ものを受け取るだけ、ということが苦手になっている人が多いのです。

お金も同じです。「お金をあげる！」と言われた時、あなたは何も聞かずに「ありがとう」と素直に受け取れるでしょうか？

「えー！　何でくれるの？」

「やだ、何かお返ししなきゃ……」

「いや、私、何もしてないので（受け取る価値はありません）」

などと、ついつい言ったり、考えたりしませんか？

多くの人は、そのまま素直に**「ありがとう」と、受け取ることができません。**

この「受け取り許可」ができるかどうかで、お金の流れが変わってくるのです。実は、私たちを取り巻く宇宙は、常にあなたのことを応援してくれています。ありとあらゆる方向から豊かさ、チャンスをくれたり、時にはダイレクトにお金を贈ってくれたりするのです。

でもあなたが「受け取ることを拒否」しているとそれが入ってこないのです。躊躇せず、そのチャンスを逃さないような「受け取れる私」になりましょう。

愛されない人の特徴❻
お金に執着し追いかけている

お金と恋愛は同じ、追いかけると逃げられます。相手に夢中になると、相手がいつか去ってしまうのではないかという不安や心配が心をよぎり、相手に執着し、追いかけてしまったり、しつこくしてしまったりした経験はありませんか？

同じように、お金に執着する人々は、「お金はいつかなくなるものだ」という焦りを抱いています。自分からお金が離れていくと感じるからこそ、必死にお金を稼ごうとしたり、望んでいない仕事を受けたりしてしまうことになるのです。嫌なことをお金のために続けることは、その人にとっても楽しくありませんよね。そしてお金は追いかけようとすればするほど逃げていきます。

スピリチュアル、量子力学の視点からいえば、物質もお金も、すべて波動です。「波動」とはわかりやすくいうと、発するエネルギーのことをいいます。物も人も、この波動を持っています。自分にとって望んでいないことを続けると、自分のエネルギーが次第に下がっていきますよね。エネルギーが下がるとお金というエネルギーも遠ざかっていくのです。そして、心が望まない楽しくない世界に向かえば向かうほど、ますますエネルギーの低い貧しい現実を引き寄せてしまうのです。

恋愛では、相手を追いかけずに自分自身が楽しんでいると、どんどん魅力が増し、相手を魅了することができます。

お金も同じで、四六時中、お金のことを心配しないで自分の人生を楽しんでいた方が、自然とお金があなたに魅了されて集まってくるのです。

裕福な方は口を揃えてこう言います。「お金のことばかり考えていた時は本当にお金がなくて困っていたけど、お金を追いかけなくなったら、お金がどんどん入るようになった」と。

お金のことばかりを考えるのではなく、
自分が何を望み、人生をどう生きたいのか?
ということに集中し、それに向かって行動することでお金が自然と舞い込んできます。

お金から愛される人の特徴

では、お金から愛される人はどんな人なのでしょうか。それはお金の本質をわかっていて、お金を愛し、お金に感謝をしている人です。

つまり、お金そのものに対して愛を持っている人です。


私自身、昔はお金について深く考えたことはなかったし、入ってくるお金についてまったくの無関心でした。

今の私は、セミナーや講座を通じて受講生さんに知識や経験をお伝えしていて、その対価としてお金をいただいています。つまり、このお金は、受講生さんからの**感謝の気**

持ちをいただいているわけです。そして、私はこのお金に込められた気持ちに心から感謝を感じています。

お金から愛される人は、お金に人の気持ちやエネルギーが込められていることをちゃんとわかっている人です。

ですから、お金を払う時は「またお金がなくなる……」ではなく、例えばレストランに行った時には、

「ご飯を作ってくれてありがとう」
「美しい空間を用意してくれてありがとう」
「(生産者さんに)美味しいお野菜を作ってくれてありがとう」

そんな感謝の気持ちでお金を払えるようになりたいですね。

それが意識できる人というのは、お金に込められている良いエネルギーを回すことができるようになり、そして、お金に愛される人になるのです。

お金から愛される人が持つ、ビューティフルマネーマインド

お金から愛される人、愛されない人の特徴から、なんとなくその違いがわかっていただけたのではないかと思います。

要するにマインドが違うわけです。マインドと一言でいうとなんとなく大雑把に聞こえるかもしれませんが、私たちはこのマインドによって、行動が変わり、結果的に人生が変わってきます。

私はお金に愛される人のマインドを、「ビューティフルマネーマインド」と呼んでいます。「ビューティフルマネー」とは理想的な人生を生きるためのお金です。お金から愛される人は、「お金」をただただ対価交換のためのツールと捉えてはいないので、お

金とどのような関係性を築いていこうか常に考えています。そこには一方的な依存はなく、愛し愛され、理想的な、美しい関係が成り立っています。その状態を作り上げられるマインドこそが「ビューティフルマネーマインド」なのです。

愛されない人から愛される人になるには

数年前まで借金まみれでお金から愛されなかった私が、愛される人になれたのは、このマインドチェンジに成功したからだと言えます。これはもちろん簡単なことではありませんが、しっかりとポイントさえ押さえれば、誰でもできます。それは今までの数千人の受講生さんたちが実証してくれています。

そのために大切なのが、無意識に根付いている**お金の思い込み**を変えることです。

そのためには、

① 自分とお金との関係を知ること
② お金の思い込みを作った原因を知ること

③ 自分の持っているお金の思い込みを書き換えること

この3つのポイントさえ押さえれば、あなたも必ずお金に愛されるようになります。

焦って一度にやることはありません。少しずつ理解を深めながら解決していきましょう。まずは①のお金との関係を探っていく方法をご紹介しますね。

W ワーク あなたとお金の関係を浮き彫りにするワーク

現在、あなたとお金はどんな関係でしょうか。

お金との関係、そう言われても、考えたことがない、という方がほとんどかもしれませんね。

あなたがお金とラブラブになって、溺愛されるようになる人生を歩みたいと思われたなら、最初に始めなければならないことは、**今のあなたとお金の関係を知る**ことです。

ここで簡単なワークを用意しました。

少し考えてみてください。

お金を人として表すならどんな人でしょうか？

まず深呼吸しながらゆっくりと目を閉じてください。

まるで過去の恋人との関係、あなたのパートナーとの関係を思い出すようなイメージで、あなたにとってのお金を人として表すならどんな人なのかを想像してください。

お金さん（ここではお金のことをお金さんと呼びますね）をじっくり観察してみましょう。どんな人ですか？　書き出してみてくださいね。

・性別

・年齢

・身なり

・性格

などをじっくり観察してみましょう。

あなたとお金さんの距離感や、どのようなお付き合いをしている関係なのか、人との関係のようにじっくり観察してみましょう。お金さんはあなたのそばにいますか？　それともあなたと離れた場所にいますか？　あなたと親しい関係ですか？　それともよそよそしい態度であまり親しくなさそうでしょうか？

ちなみに、お金に困っていた当時の私がこのワークをやってみたら、私にとってのお金さんは、美しくて近づき難いクールな女性で、私の憧れの存在でした。彼女は私の3メートル先で他の人たちと楽しそうに過ごし、気が向いた時だけ私に近づいて話しかけ、そして元の場所に戻っていく姿が見えました。

それはまさに私とお金の関係を象徴していました。

私はお金に憧れていますが、まだその世界に入ることができず、自分から積極的に近づくことはできません。ただ、彼女からの気まぐれな接触を待つだけです。近づいては離れる、そんな繰り返しの状況が私とお金の関わりにとてもよく似ていました。

あなたとお金さんの関係をぜひ、書き出してみてくださいね。

今まで経済状態があまりよくなかった、という方は暗い表情で気難しい人を思い浮かべるかもしれません。私の受講生さんの中では、暗い表情をした老人だった、という方や、お金さんがはっきり見えない10キロ先に立っていた、という方もいます。

W ワーク

自分のお金の思い込みを知るワーク

次にチェックリストで、あなたがお金について思い込んでいること（観念）を浮き彫りにしていきましょう。お金の思い込みはあなたの日々の選択や行動の大事な基礎になっています。

このチェックリストはとても大事なので、自分にとって理想的なものをチェックするのではなく、今現在の自分の心に正直になってやってくださいね。

もし、あなたとお金さんの関係が今の時点で良くなかったり、お金に関する観念がネガティブだったりしても安心してください！　あなたには伸び代がたくさんあるということです。あなた自身がお金について思っていることを知ることで、理想的な観念へと変えていく次のステップに進むことができます。

この本を読み、ワークを実践していただければ、お金に愛される人になるビューティフルマネーマインドに変えていくことができます。

お金に関する観念チェックリスト

共感できるものに✔、深く共感できるものに◎を記入してください

✔	◎	お金は、	✔	◎	お金は
		自由を買えるもの			手に入れるのは大変だ
		良い行いの報酬である			権力の象徴
		生活に必要なものを買うために不可欠なもの			稼ぐのはとても大変だ
		使うと罪悪感を伴う			蓄えるのは難しいもの
		人の価値を決めるもの			入ってきてはすぐに消えてしまう
		人に見栄をはるためのもの			やりくりが難しい
		自己評価をする道具			愛する人を幸せにできるもの
		とてもプライベートなもの			その話を話すことに躊躇する
		動機付けになるもの			単に交換手段として考えている
		お金のためだったら何でもする			トラブルのもと
		安定した生活を送るためのもの			将来のための保険である
		社会的地位を示すもの			あるとステータスが上がる
		手に入れるのは難しいもの			人を変えてしまう
		お金のために何かをするのはいやだ			幸福を買うことはできない
		政治家が使うものである			あると優越感を感じる
		人を狂わせるもの			いつも足りてない
		私の心を掻き乱すもの			ないと劣等感を感じる

コラム

「やらなきゃ」を断捨離し続けると新しい扉が開く

私たちの人生は、やらなければならないことや抱えるべきものであふれています。でも、その結果、新しいものが入る余裕がなくなり、お金や人間関係など、豊かさが入るのが難しくなります。

そこでぜひあなたにやってほしいことが、「やりたくないのにしていること」を思い切って捨てることです。本当はやりたくないのにあれやらなきゃ、これやらなきゃと思った瞬間に暗い気持ちになりませんか？

でも、**実際は本当にやらなきゃいけないことというのは、人生において非常に少ないものです。**

やりたくないのにしていることを思い切って捨ててみてください。そうすれば、あなたの中に隙間ができ、新しいものが入ってきます。

でもあなたは、こう抵抗するかもしれません。

「そうはいっても私には家族や仕事があるし……、守るべきものがあるから無理だわ」と。私も責任感の強い母に育てられ、私自身も3人の子どものママなのでその気持ちはとてもよくわかります。

でもそんな時こそ、逆に考えてみてください。

自分を大切にすることで周りを幸せにできるのだと。

まずは、「やりたいことをやる」と決めてから行動すると、新しい扉が開きます。やりたいことをやることで高いエネルギーを生み、それが結果的にあなたの大切な人を幸せにするのです。

自分の喜ぶことから、選択し、行動していきましょう。その結果、周りも同じように喜びを見つけ始めます。

私の受講生のSさんは、自分の好きなことを始めたら、今まで何もしなかったご主人がご飯を作り始めたそうです。

「本当に驚きです！　今まで皿洗いすらしなかったのに、焼きそばを作ってくれて……、しかも後片付けまでやってくれたんです！」と喜びを語ってくれました。この他にも自分のことを優先しだしたら、びっくりするほど物事が良くなったり、お金が入るようになったりしたという声がたくさん挙がっています。

2章

お金に愛されない理由はトラウマが9割？

お金に愛されない理由はトラウマにあり

ここまで読んで、「もしかして私、お金に愛されてないのかも？」と気づいたり、「そもそもお金を愛するなんて考えたことがなかった！」と思ったりした方もいらっしゃるでしょう。

あなたがお金から愛されていないとしたら、いつから「愛されない行動」をとるようになったのでしょうか。

そして、その行動の原因は何でしょうか。

私は徹底的な検証を通じて、原因は「お金のトラウマ」にある、という結論にたどり着きました。

一般的にトラウマとは心の傷です。つらい記憶や経験が心や身体に影響を及ぼし、マイナスの影響が現れます。お金に愛されない考え方や行動も、このトラウマが関係しているのです。

トラウマは突然生まれるものではありません。

お金にまつわるマイナスの経験が、「お金は怖いもの」、「お金は欲深さを示すもの」、「お金を考えるのは下品で汚い」といったネガティブなイメージを育て、それがお金のトラウマになるのです。

お金のトラウマは、子どものころに刻まれる

では、そのお金のイメージはいつからできるのでしょうか。

実は幼少期がほとんどであり、親の影響が大きな役割を果たしています。

お金にまつわるさまざまな出来事や、親の態度や何気ない会話の影響を受け、多くの人が何かしらお金に対するトラウマとなり、そのトラウマがお金に愛されない行動へとつながってしまうのです。

幼少期というまだお金そのものがよく理解できていないころから、お金に対するイメージができあがるというのは不思議ですよね。

しかし、子どもは、親の発言や、行動、感情の動きなどをとてもよく見ていて、そこからさまざまなことを学んでいくのです。お金というものが、何かよくわからなくても、親がお金について話したり、触れたり、感情を揺り動かされている姿を見て学ぶのです。

・親がお金に対してどう考えて、どう扱っているのか

親のお金についての会話や関わりを通じて、子どもは無意識のうちにお金に対するイメージを創り上げていきます。

お金のトラウマは、このような経験からも生まれます。

・小さいころ、おもちゃを買ってもらえなかった
・あまり裕福じゃなかったせいで、お友達にばかにされた
・親が借金を抱えていて家計が苦しかった
・親がお金のことでいつも喧嘩をしていた

また、お金がない状況のみがトラウマになるわけではありません。

・お金があるせいで、仲間はずれにされた、よそ者扱いされた
・特別扱いされて、馴染めなかった

など、トラウマというのは、お金があるなしに関係なく生まれます。

幼いころの経験が、お金のトラウマを作り、その後のお金との関わりに影響を及ぼしているのです。

トラウマがお金を遠ざける

「お金がない」と言われて育てられると、「ない」、「足りない」というトラウマが自分の中に根付きます。そして私たちの脳はそれが本当だと思い込み、それが日常のものとなっていくのです。

「トラウマ」がお金を遠ざけるのは、あなたが「お金がない、足りない」という言葉を自分に言い続けるからです。その言葉は、あなた自身を傷つけ、自信を奪い、不足感やいつまでも満たされない状態を作り出してしまいます。

このことを体感できる、ある実験を一緒に試してみましょう。

まず、両手を広げて片足で立ってみてください。

次に、そのままの状態で、自分に向けて、「できない、私はダメだ」「私には無理！」と自分をダメ出しするような言葉を言い続けてください。ポイントは感情を込めて言うこと。そして、最低1分言い続けてみてくださいね。

そうすると、どうでしょう！

身体がぐらぐらして、立つことが難しくなりませんか？

では逆に、「できる！　できる！　私はできる！」「絶対大丈夫！」と言ってみましょう。こちらもしっかり感情を込めて1分間、言ってください。

すると、次はしっかりと立つことができるはずです。

ちょっと、びっくりしませんか？

これは、身体が、発している言葉に影響を受けているからです。

スポーツ選手が試合前にイメージトレーニングを行うのはイメージや言葉によって、自分の身体や状態が変わり、良い結果を生むことを知っているからです。

優勝をイメージする選手は勝利を手にしやすいといいます。逆にダメだろうな、もしかしたら、負けるかも、敵は強いなぁと思うと、途中で転んでしまったり、失敗したりして、試合に負けてしまったりするのです。

あなたが日ごろから「お金がない」、「足りない」と思っていることで、お金が足りない状態を自分自身で作り出しているのです。

トラウマが引き起こす感情トラブル

お金のトラウマは本人が気が付かないところで想像以上に根深いため、多くのトラブルを引き起こします。

人生のトラブルはお金絡みのことがとても多く、私は日々のニュースやSNS等でお金のトラブルに関する報道や投稿を見るたびに心が痛みます。

あなたはお金に関するトラブルに直面したことはありますか？

お金に関わると、自然と感情が湧き上がりませんか？　お金が入ると、急に自分が偉くなったような気がしたり、なくなると、途端に不安になり、胸がキュッと締め付けられるような苦しさを感じたり……。あなたはお金によってどんな感情を感じるでしょうか？

「お金を騙し取られた」と、カッとなって事件に発展した、という話を聞いたことがありませんか？　それは、お金によってコントロールできない感情が湧き立ち、正常な判断ができなくなってしまうからです。またお金によって欲が刺激されて奪い合いになったりもします。仲が良かった家族が相続争いで骨肉の争いになるのもそのせいです。

私の受講生さんの中でお金が絡んだことで親族関係が悪化し、一生忘れられない心の傷を負ってしまった方もいます。

人は感情の波に飲みこまれてしまうと、正常な判断ができなくなってしまいます。

私自身、多額の借金で本当にお金がなかった時は今まで感じたことのない、嫉妬、惨めさ、妬み、怒り、焦りなど黒い感情がドロドロと湧き出て、その感情の渦に巻きこまれて身動きできなかったことがたくさんありました。

お金は、人が内側に隠していた黒い感情をあぶりだし、正常な行動をできなくさせます。それは、その人が悪いわけではありません。トラウマが原因となって、そのような行動を引き起こしているだけなのです。

お金のトラウマは人生の棚卸でわかる

お金のトラウマを知るためには、自分自身の過去を振り返ってみる必要があります。あなたとお金の関係を作り上げたと思われる出来事を思い出してみてください。お金にまつわる印象的なエピソードを振り返ってみましょう。

例えば、
・小さいころに欲しいものを買ってもらえなかった
・姉はいつも新品の洋服を買ってもらえたのに、私はいつもお古を着せられていた
・裕福な生活をしていたのにお父さんの会社が倒産してしまったことで、いきなり貧しい生活になって、すごく惨めな気持ちを味わった
などなど。

自分の人生を振り返ってみると、「この時からお金のトラウマというものができたんだな」ということが少しずつわかってきます。

W ワーク お金のトラウマの種を探るワーク

あなたの幼少期に体験したお金にまつわる出来事などを思い出しながら、次の質問に答えてください。思いつく限り、書いてみましょう。

子ども時代のお金にまつわるつらい経験や悲しい思い出、マイナスな体験はありますか？

・その時に感じた感情を具体的に書き出してください。

・本当はどうしてほしかったのかを具体的に書き出してください。

・その経験からお金について信じたことがあれば、自由に書き出してみましょう。

自分の中に潜んでいたトラウマの種を見つけることができましたか？

こうして書き出すことにより、思いがけないトラウマを見つけることができます。

お金のトラウマは親の愛から生まれることもある

ここで、なぜ、親は子どもに対してお金のトラウマを引き起こすような言動をするのか、考えてみましょう。

それはあなたが嫌われているからでしょうか？

いいえ、決してそうではありません。

もし自分が、次のこのような状況に直面した場合を考えてみましょう。

お父さんの経営する会社が倒産し、収入が途絶え、あなたは進学できないという状況です。こんなふうにお金で苦労をしたとしたら、あなたは自分の子どもに同じような経験をさせたくないと思うはずです。

おそらく子どもには「事業なんてやめなさい。リスクが高すぎるから、安定した公務員になりなさい」と教えるでしょう。

親は**子どもを愛しているからこそ、**自分の人生の学びを伝えようとするのです。

一方、子どもは、親から教わったことをダイレクトに受け止めます。親の考え方が自分自身のお金に対するイメージやトラウマになってしまうのです。

親が教えてくれたことは、親の視点からすると重要なことですが、それがあなたの人生にとって正解とは限りません。

なぜなら、お父さんやお母さんの人生は、あなた自身の人生ではないからです。

でも、子どもも親が大好きだからこそ、例え、何かが違うと感じても、親から受け継いだトラウマに縛られてしまうのです。

親からの愛を受け取り、お金のトラウマを手放す方法

では、トラウマは一生、取り除けないのでしょうか。

大丈夫です！　お金のトラウマの原因は、親からの愛だったということや、親もまた被害者だったと気づくと、手放すことができるようになります。

親は自分の経験から、あなたが幸せな人生を送るための道を考えて教えてくれるのです。

これらの教えに共通しているのは、**「愛」**です。それが理解できると、「ありがとう」と感謝の気持ちが湧いてくるのではないでしょうか？

また親はその親からあなたと同じようにお金のトラウマを受け継いでいます。もしあなたが親からの愛だと思えないようであれば、親もその親からトラウマを受け継いだのだと慈悲の心で受け止めてあげてください。

しかし、親が教えてくれたことは自分自身の中で別の視点から見つめ直す必要があります。それによって、お金のトラウマを手放していくことができるのです。

自分自身の人生を生きるためには、あなたの考え方を作り直していく必要があります。

「愛してくれてありがとう。でも、人生も人それぞれだから、お父さんの、お母さんの愛は受け取るけど、教えてくれたことは自分の中から切り離していくね」と、ぜひ唱えてみてください。それが、お金のトラウマから解放される第一歩となります。

お金のトラウマを手放すとお金が流れ込む

お金のトラウマに気づき、それを手放すとびっくりするような変化が起こります。

例えば、「お金はトラブルのもとであり、入ってくるべきではない」という思い込みが自分の中にあったことに気づくと、「実は私がお金を遠ざけていたんだ！　そりゃお金が入ってくるわけないよね」と自覚することができます

この気づきが、お金が入ってくるのを止めている壁を壊す第一歩になります。

子どものころに根付いた思い込みに気づくことは、時間がかかることかもしれません。でも、自分と真剣に向き合い、トラウマを認めて手放す勇気を持つことができれば、お金の流れも次第に良くなっていきます。

お金のトラウマを手放すことは、自分自身を知って豊かさを自分で創っていくための大切なステップです。自分を大事にして、お金のトラウマを手放す第一歩を踏み出して、お金に愛される人になっていきましょう！

コラム

「私」を一番最初に幸せにすると周りが幸せになる

ここであなたがますます豊かになって、お金と美しい愛にあふれた関係を作っていくためにとても大切なことをお伝えしたいと思います。

まずは一番最初に「自分」にお金を使って満たしてあげる、ということを第一優先にしてください。

これからあなたはどんどんお金やその他の豊かさが流れ込んでいくステージに入っていきます。でも、そうなった場合多くの方が「親にお金を使ってあげよう」「子どもに使おう」「愛するパートナーに使おう」と考えるのです。

私もそう思っていて実際にそうしていた人の一人でした。でもある高野山の僧侶に豊かになるお金の使い方について次のように教わったのです。

「豊かになりたかったら、まずは自分にお金を使って満たしてあげなさい、2番目にあなたの家族などの、あなたにとって大切な人、そして次は身近な人、最後に余裕ができたら社会に貢献。この順番を間違ってはいけない。」

この教えには驚きましたが、恐る恐る、自分にお金をかけたり自分のことを第一優先にしたりするようになってから、確かにお金や物事がどんどんうまくいくようになりました。そして家族、周り、社会へと貢献の順番を変えることでさらにお金の回りが良くなっていきました。

自分を真っ先に満たすことに抵抗を感じる方もいらっしゃると思います。でも私の受講生さんたちにも「自分を満たすこと」を第一優先にしてもらうようにすると、びっくりするほどいろんなことがうまく回り始め、何もしていないのに周りも幸せになっていったのです。

ぜひ、あなたもまずは自分を満たすこと、自分にお金をかけることを優先してみてくださいね。

3章

「お金から愛される、ビューティフルマネーマインドの育て方」

豊かさを引き寄せるビューティフルマネーマインド

いよいよ3章では、お金から愛される「ビューティフルマネーマインド」へ切り替えるための具体的な方法をお伝えします。

そもそも私が「ビューティフルマネーマインド」という言葉を使うようになったのにはきっかけがあります。

私の尊敬する世界ナンバーワンの自己啓発コーチ、アンソニー・ロビンズさんの使う「ビューティフルステート」という言葉があります。彼はクリントン元大統領、サッチャー元首相、マザー・テレサなど数々の偉人をコーチングし、成功に導いてきた人物です。彼の言う「ビューティフルステート（美しい状態）」とは、幸せや感謝にあふれている状態を指し、これが最高の人生を生きる鍵だといいます。

私はこの言葉を聞いた時、衝撃が走ると同時に心の底から感動しました。

そしてさらに、私はこの「ビューティフルステート」の考え方の大元となったインドのチェンナイの山奥にあるアカデミーで悟りの修行を行い、これがまさにお金から愛される人が持つマインドであり、状態（在り方）であると確信したのです。

どんな状態でいるかを決めるのは、「どんな在り方」で人生を生きるのかということであり、とても大事なことです。「在り方」はその人の人生観、人生の選択、行動を決めるからです。

幸せなお金持ちは「豊かで幸せである在り方」を選んでいます。お金との関係がとても良く、お金を愛し、お金から愛されています。

私は、そんな愛に満ちた理想的な人生を生きるためのお金を「ビューティフルマネー」と呼ぶことにしました。

お金との美しい良い関係を作ることができる、「ビューティフルマネーマインド」を持つと、自分にとって理想的な状態で生きられるようになります。その状態は、魂から満たされるような幸せを感じるような状態で、それがさらに豊かさを引き寄せていくのです。

さあ、これからこのビューティフルマネーマインドを作っていくための3つのステージについてお話ししていきましょう。

まずは**今の状態を正確に知る**ことから始まります。今の自分を知ることによって、自分の理想やそのための道筋を描くことができるのです。

ステージ① 自分と向き合い、自分のマインドを知る

ビューティフルマネーマインドを作るためには、まず、自分と向き合うこと。あなたの『根本的な問題』を知るための、とても大切なステップです。まずは、それらをクリアにしていきましょう。

1章では、自分の**お金の思い込み**を浮き彫りにして、あなたとお金との関係を知りま

した。そして2章で**お金のトラウマ**が何かを発見しましたね。次は、自分の中にある矛盾しているマインドを洗い出す作業です。

私が受講生さんたちのお金の検証を通じてわかったのは、父親と母親のお金に対する考え方は真逆なことが多い、ということです。

例えば、父親が「宵越しのお金は持たない方がいい」という考えで、母親が「お金はいざという時のために貯金しないとダメ」と考えている場合、両方の考え方が子どもの中に刻み込まれます。そうすると、子どもはどちらの考え方も正しいと思っているので、それが行動に出るようになります。

例えば、普段は母親の考え寄りで、「お金は無駄遣いしないで、将来のために貯めておこう」とせっせと真面目に貯金していても、ある時に突然、父親の考え方が出てきて、貯めていた反動でお金を一気に使ってしまったりします。そして、使った後にまた母親の考え方に戻り、後悔し、お金を使ってしまった自分を責めるのです。

人は一貫した考えを元に行動しているように見えますが、実際には両親の相反する考えが刻まれているため、どちらかの親の考え方で生きているようであっても、もう一方の親の考え方にも影響を受けていて、それが実際の行動に現れ、矛盾したチグハグな行動をしてしまうのです。

あなたも無意識でお金についてチグハグな行動をとっていることがありませんか？

では、あなたの矛盾した行動や考えをワークを使って探ってみましょう。

W ワーク

あなたの中の矛盾した行動や考えを探るワーク

このワークは私の講座で実際に使っているものですが、誰でも簡単に取り組みやすくしているので、ぜひやってみてください。

静かな場所で、心を落ち着けながら、質問に答えてみましょう。ご両親以外に育てられた場合は、育ててくれた方に置き換えて考えてみましょう。

質問1．あなたのお父さんはお金についてポジティブに考えていたと思いますか？

はい
いいえ
どちらかというとポジティブ
あまり記憶にない

質問2．あなたのお父さんのお金の使い方はどのタイプですか？
タイプの詳細は89ページを参照して選んでください。

綿密計画タイプ
消費重視タイプ
社会的な価値重視タイプ
安心重視タイプ
あまり記憶にない

質問3．あなたのお父さんがお金についてよく口にする言葉で、あなたが覚えているのはどんな言葉ですか？

例）お金は天下の回りもの、貧乏暇なし、金の切れ目が縁の切れ目

質問4．あなたのお父さんがお金についてよく口にする口ぐせで、あなたが覚えているのはどんな言葉ですか？

例）お金がない、もっとお金があったら……、稼ぐのは大変だ、お金はなんとかなるなど

質問5．あなたのお母さんはお金についてポジティブに考えていたと思いますか？

はい
いいえ
どちらかというとポジティブ
あまり記憶にない

質問6．あなたのお母さんのお金の使い方はどのタイプですか？
タイプの詳細は89ページを参照して選んでください。

綿密計画タイプ
消費重視タイプ
社会的な価値重視タイプ
安心重視タイプ
あまり記憶にない

質問7．あなたのお母さんがお金についてよく口にする言葉で、あなたが覚えている

のはどんな言葉ですか？

例）お金は天下の回りもの、貧乏暇なし、金の切れ目が縁の切れ目

質問8．あなたのお母さんがお金についてよく口にする口ぐせで、あなたが覚えているのはどんな言葉ですか？

例）お金がない、もっとお金があったら……やりくりが大変、お金は人に貸してはいけない

質問9．これまでの質問から、お父さんとお母さんのお金に関する考え方は違う部分がありましたか？　その考え方は、あなたの普段のお金の使い方にどのように影響しているか書き出してください。

《お金の使い方タイプ》

- **綿密計画タイプ：**細かい計画を立てることが得意で、予算管理や節約が得意なタイプ。将来の備えや貯蓄を重視し、安定や守りを求める傾向がある。
- **消費重視タイプ：**現在の快適さや楽しみを重視し、自分の好きなものや経験にお金を使うことを好む。即時的な満足を追求し、自己表現や自己実現を大切にする。
- **社会的な価値重視タイプ：**社会的な評価や他人からの評価を重視し、お金を使って社会的地位や名声を追求するタイプ。成功や影響力を追い求め、社会的なステイタスを重要視する。
- **安心重視タイプ：**不安やリスクを避けることを重視し、安定感や安全性を求めるタイプ。将来への不安を軽減するために保険や貯蓄に積極的に取り組み、リスク回避を優先する。

ワークを通じて、あなたの中の矛盾する点が見つけられたでしょうか。あなたがお金に愛されて、人生を豊かに過ごすためには、自分の中のチグハグな矛盾点を見つけることがとても大事になります。

次はあなたの中の矛盾点を理想的な形にしていくワークをしますので、一緒にやっていきましょう！　例を参考に書き出してくださいね。

Wワーク　あなたの中の矛盾点を理想的な形にするワーク

質問1．あなたが親から教わったお金に関する考え方で残しておきたい考え方や口ぐせはどんなものですか？

例1）父はどんな物を持っているかより、体験こそ人生を豊かにするものと教えてくれた。物を買ってくれることはほとんどなかったけど、貴重な体験になると思うものには高くてもお金を惜しみなく出してくれた。私も自分や家族にとって貴重な体験にはお金を使っていきたい。

例2）母は人との付き合いをとても大切にしていた。人付き合いにかかるお金やさりげない贈り物などはケチらずにどんどんお金を使っていた。人を大切にしてお金をかける母はたくさんの人に愛されていたので、私も人へお金を快く使えるようになりたい。

さあ、次はあなたの番です！　書き出してみましょう。

質問2．あなたが親から教わったお金に関する考え方で、手放したい考え方や口ぐせはどんなものですか？

例1）母はいつもお金が足りないことや、父の給料が少ないことについて文句を言っていた。お金が足りないことや給与が低いことは悪いことであるという考え方が私の中に根付いている。だけど、お金の額で物事を判断してしまう考え方を手放したい。

例2）父は「お金はステイタスだ」と言い、見栄のために部下に奢ったり、計画性のないお金の使い方をしたりして浪費していた。その考え方が嫌だと感じながらも、私自身もブランド品を身につけ、お金がある人には引け目を感じてしまう。でも、お金で人を評価する考え方を手放したい。

さあ、あなたの場合を書き出してください。

これらの考え方を手放す、と決めると、お金との良い関係を作ることができます。

W ワーク　手放しのワーク

質問2で答えた考え方や口ぐせを教えてくれた親、体験、関わった人たちに心から感謝の言葉を書き出してください。

（ここでは、心から感謝を感じなくても大丈夫です。そこから学んだこと、気づいたことについて、そのきっかけを作ってくれたことに対して感謝を書いてみましょう）

例1）母は、お金が少ないことでやりくりをしなくてはいけないストレスが強すぎて、いつも不満を口にしていた。不満を日常的に口にすることは父にプレッシャーを与え、家庭の中の空気が重くなることを気づかせてくれた。

私は夫に給与の額のことで文句を言わずに、家族のために頑張ってくれることに感謝の言葉を伝える大切さを母から学んだ。

お母さん、ありがとう。

例2）父は、自分の生い立ちや育てられ方にコンプレックスを抱いていた。親から他の家庭の優秀な子どもと比べられて否定された経験が、そのコンプレックスにつながったと思う。父はお金の間違った使い方を、身を持って教えてくれた。これからはお金で人や自分を評価せず、心から使いたいものに使う決心がついた。
お父さん、本当にありがとう。

さあ、次はあなたの番です！　感謝の言葉を書き出してください。

これらの言葉は、あなたの過去の経験や親の教えに対して感謝を伝えるものです。それぞれの言葉には、学んだことや気づいたことが込められています。
感謝の言葉を書き出すことで、過去の経験を受け入れつつ、手放していく準備を整えることができます。

親とあなたの思い出を癒す感謝の手紙を書こう

次にあなたにぜひ、やってほしいチャレンジがあります。

このチャレンジはあなたにとってハードルの高いことかもしれません。実際に感謝の手紙を書いて、その手紙をご両親に渡してください。

感謝の手紙は、あなたが過去の経験から学び、成長したことや気づいたことを伝える貴重な機会です。それを伝えることで、ご両親との関係が癒され、過去の思いが整理される方もいるでしょう。もしかしたら、感謝の手紙がご両親との新たなコミュニケーションのきっかけになるかもしれません。

ご両親が亡くなっている場合でもぜひ書いてみてください。これによって内なる癒しと内側の成長につながります。

このチャレンジは、一歩踏み出す勇気が必要かもしれませんが、その結果としてあなたの心や意識が変化し驚くほどの変化が起きるはずです。

ぜひチャレンジしてみてくださいね！

あなたの現在地を可視化する ～幸せの六角形のワーク～

さあ、いよいよ次は、あなたが願えば、ポン！ とお金の方からやってきてくれる、お金に愛される人になるステップに進んでいきます。

お金は本来、あなたが豊かで、心から満たされた人生を歩むために助けてくれるお助けマンのような存在です。いくらお金があったとしても自分が望まない生活をしていたり、お金に振り回されたりする人生を生きているなら本末転倒です。

自分にとって理想的で、豊かさと自由に満ちた人生を生きられるためのお金、「ビューティフルマネー」を使えるようになれば、あなたはお金の不安から解放されて本当に生きたい人生を生きられるのです。

そのために、まず、**あなたの現在の状態と理想（行き先）を知ることです。**

私は今まで何万人もの方の人生の悩みを聞いたり、その相談に乗ったりしてきました。

そこで多くの方が、自分が望むような人生を生きられない共通の原因がわかったのです。

それは、**自分の今の状態と理想の状態がぼんやりとして曖昧**だということです。


私はよく講座で受講生さんに「理想の生活や人生」について質問するのですが、ほとんどの方が「具体的に」それを表現することができないのです。


「お金持ちになりたい」

「自由に生きていきたい」

「時間とお金に縛られない人生がいい」

「幸せになりたい」


このように答える人はとても多いのですが、「では、それは具体的にどのような状態ですか？」と尋ねると、はっきり表現できる人は少ないのです。

それは、タクシーに乗ったのに具体的な住所を言わずに「幸せになれるところに連れていってください」と頼むようなものです。それではタクシーのドライバーさんは困ってしまいますよね。

お金も同じなのです。

では、車を運転する際に必要なナビゲーションを使う時に重要なものはなんでしょうか？　そう、**あなたの現在位置と行き先**です。人生もお金の使い道も、それがわからないと迷子になります。

行きたいところに行く時に、「あっちの方向だったかな？」、「あれ？　いやこっちかもしれない」と考えていると、時間ばかり無駄に使って目的地に行けないように、ぼんやりと「こうなりたい」、「ああなりたい」と頭の中であれこれ考えるよりも、あなたの状態を目で見える形にしてみることで、叶うスピードが断然、違ってきます。

目で見える形にすることで、まるで地図を見るように、あなたはその状態を具体的に理解することができるし、行きたい方向に進んでいくことができるのです。

では、さっそくあなたの状態を目に見える形にしていきましょう！

「幸せの六角形ワークシート」を使いながら、六角形の中心点を0として外側の点を100とした場合、今現在何％くらいあなたが満たされているかを書いてみてください。

これは感覚的に考えていただいて構いません。

幸せの六角形ワークシート　A子さんの場合

A子さんの場合を例にとって書き方を説明しますね。

・愛情：パートナーとは上手くいっているけど、100%とは言い切れず、親とも少し確執があるから、80%ぐらい
・人間関係：周囲に好きな人ばかりなので97%
・お金：生活していけるけど、もう少し欲しいので60%ぐらい
・仕事：やりがいはあるが忙しすぎるので85%
・衣食住：もっと広い家に住みたいから65%
・健康：風邪もひかないし、運動は定期的にできているので100%

人は、自分の人生の幸福度がだいたい70%ぐらいかなと思っていても、実際にはどの分野がどれくらい満たされていて、どのくらい欠けているかを、あまり意識することは

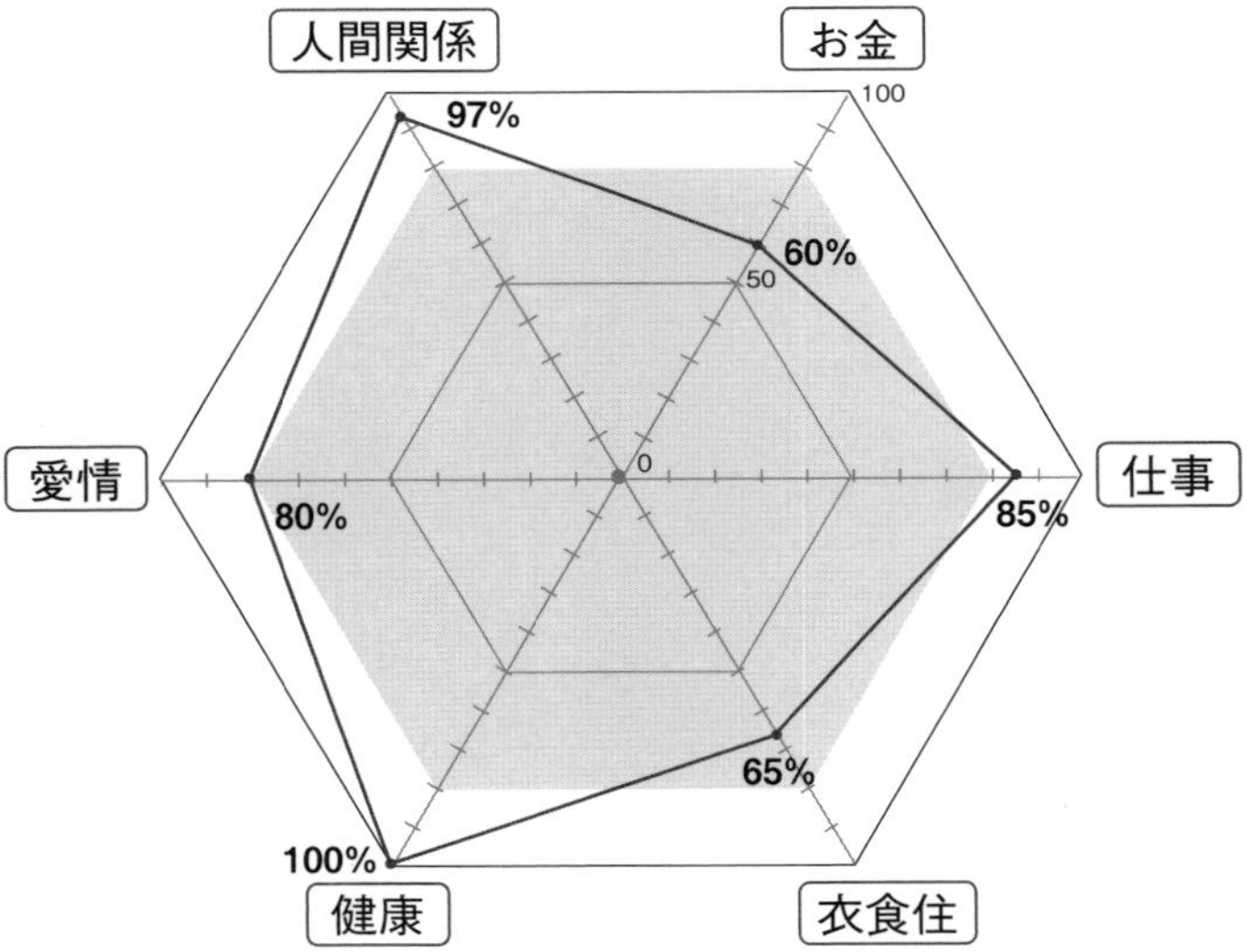

A子さんの場合

ありません。

この六角形を実際に書いてみることで、どの分野が満たされていて、反対に満たされていない分野とその状況がわかるようになります。

まずは自分のことを客観視して、自分の現在地を知っていきましょう！

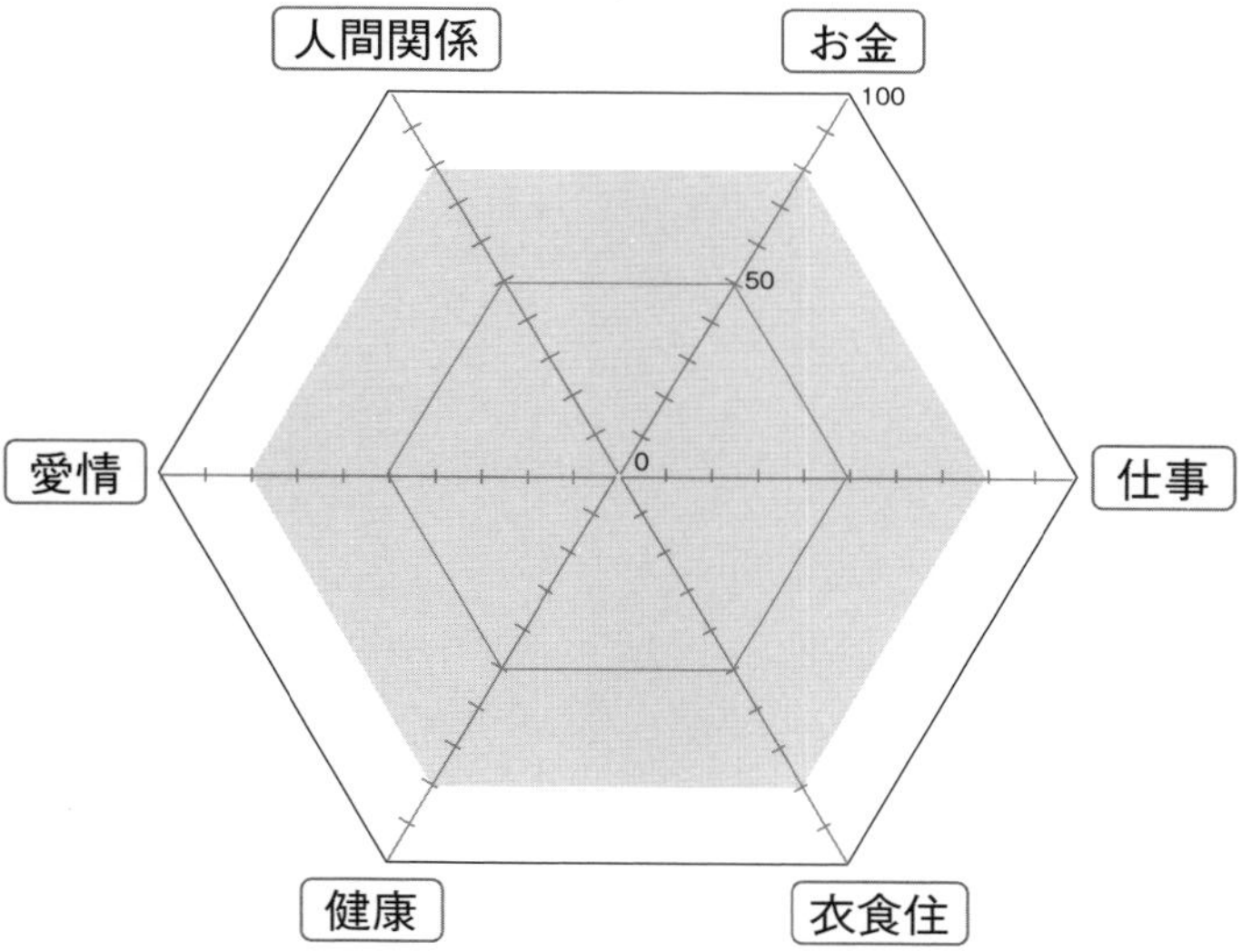

幸せの六角形

あなたの現在地を
書いてみましょう！

ステージ②　未来を決めれば未来が向こうからやってくる

次に、あなたの理想の豊かな未来へのナビゲーションをスイッチオン！　するために、**自分が行きたいゴール地点をしっかりと定めましょう。**

どうやってそこに行くのかがわからなくても大丈夫！「私のゴール地点はここですよ。いつまでに到着したいです」と、**自分の脳にタイマーをセットするように設定をする**のです。

具体的にどうなるかを書いていきましょう。自分が進みたい人生を創るのに大切なことは次の3つ。

- **期日を決める**
- **数字を入れる**
- **具体的にする**

具体的に決めることで、それに対して脳が動き出していきます。

例えば、先ほど出てきたA子さんを例に挙げてみると、衣食住に関する満足度が65%でした。そこで、なんとなく「もうちょっと広いところに引っ越したい」と思っていたとします。年内に80%まで満足度を上げたいとしましょう。自分にとって80%というのは、どういうことなのかを、具体的に表現していきます。まるでそれはあなただけのオーダーメイドの洋服を作るための注文書のような感覚です。

もっと広いところに住むために、一年以内に引っ越すのは無理だとしても、

例えば、

・お気に入りの家具に囲まれている
・家の中でお気に入りのスペースを確保する
・忙しくてスーパーの惣菜や外食が多いので、オーガニックの食材を使って自炊する
・週末は友達や家族と一緒に外食を楽しんでいる

このように自分にとって満足度80％の具体的な内容を決めるのです。
それでは、理想の幸せの六角形を書いてみましょう。

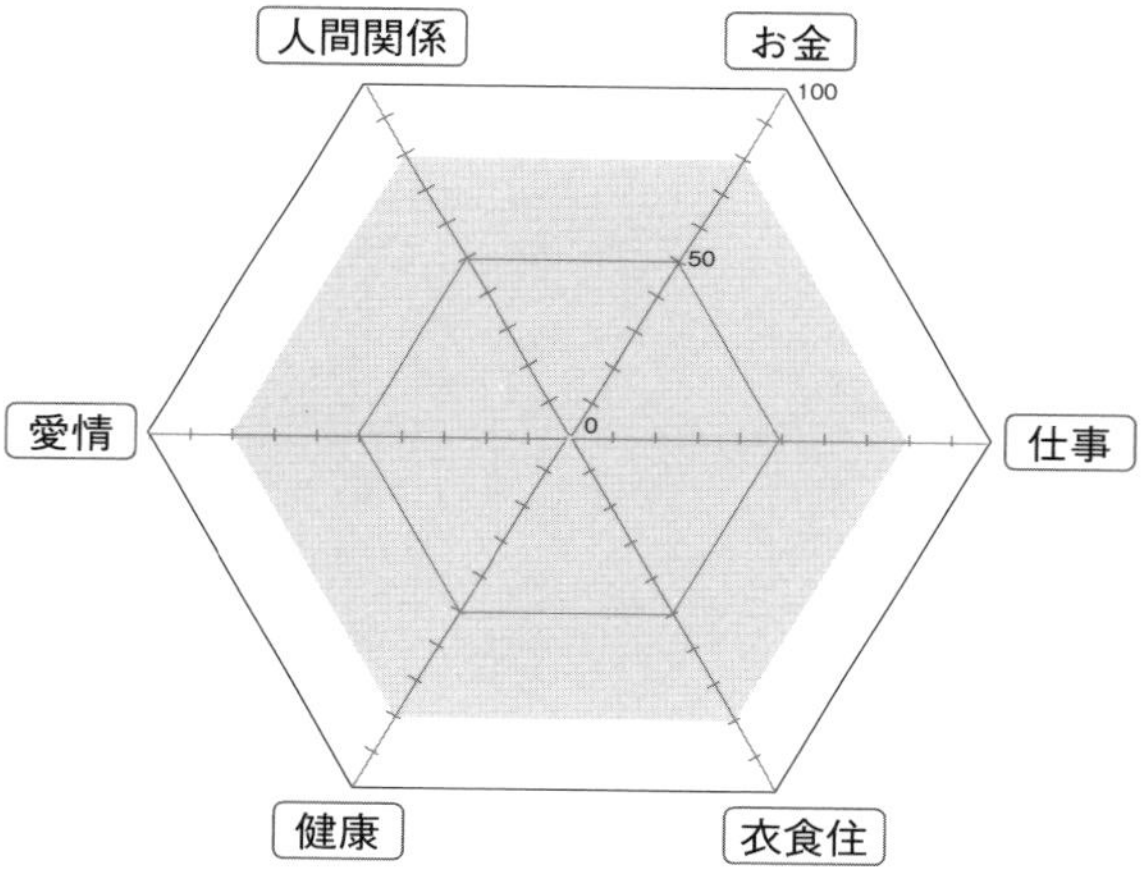

叶えたい日付を書きましょう。

年　　月　　日

それぞれが何%なのか？　どんな状態になりたいかを書きましょう。

愛情：

人間関係：

お金：

仕事：

衣食住：

健康：

これはあなたの未来設計図です。見えるところに貼って毎日眺めるようにしましょう。

そして次にあなたが欲しいものをポン！　と手に入れていくための方法を教えますね。まずは身近なものから、**自分が欲しいものや体験したいこと**を具体的にイメージしてください。そして、その欲しいものや体験を手に入れるための「どうしてもこうなりたい！」というはっきりとした理由を書き出しましょう。

そこから、自分が手に入れたら、どんな感情が湧きあがるのかということまで想像します。

脳というのは、頭に思い浮かべたことと、実際に体験したこととの区別がつきません。

びっくりするかもしれませんが、これは本当なのです。ですから、いかにも、もうすでに実際に経験したかのように想像して、感情を味わうことが大切なのです。

では、どうやって具体的にイメージするのでしょうか。

例えば、あなたが旅行に行く時、いつも自由席で座席を確保するために一時間前からホームに並んでいたとします。しかし、今回は特別な旅行で、グリーン車に乗ることを思い描いてみましょう。また、いつも選ぶコスパの高いリーズナブルな宿じゃなく、憧れの有名高級旅館に宿泊することをイメージしてください。一泊二人で10万円の朝晩食事付き、さらにお土産代や往復の交通費なども具体的に計算してみましょう。

さあ、想像してみましょう！

・箱根の有名温泉旅館に泊まって美味しい食事を堪能している……、
・温泉に入ったら、うっとりするような檜の香りがする……、
・朝は鳥のさえずりが聞こえ、夜は貸切露天風呂から月を眺めている……、
・日々のストレスから開放されて、すごくゆったりしている……、

というような**感情を思い切り味わってください。**

すると、**脳が、すでにあなたがその状態にいると勘違いする**のです。
まるでそれがもう手に入ったかのように、その喜びや感動をありありと心で体験して

感情を感じてみると、**脳は「もうそれを手に入れた」と勘違いし、現実と感情を調和させるために、さまざまなものを引き寄せてくれるのです。**

具体的にイメージすればするほど、例えば、臨時収入が入ったり、商店街でくじを引いたら温泉旅行に当たったりといった形で、ポン！　と手に入りやすくなるのです。

私自身も、マレーシアに移住する時にこの方法を使いました。その当時、家庭に多額の借金がありながら、海外移住をしたくて猛烈に働いていたのですが、暇さえあれば、マレーシアの大きな家でゆったりと生活している様子を1日に何度も何度も想像していました。そうしたらビジネスを大きく成長させてくれるメンターと出会って収入がかなり増え、母がこっそりと私名義にしていた2500万円の生命保険がいきなりポン！と手に入ったのです（母は生前、何も残さないと言っていたので、生命保険のことはいっさい知りませんでした）。実際、想像した通りの理想の家に出会い、住むことができました。

次に、ドバイ移住を決意した時は私の貯金はたったの80万円でした。**どう考えてもドバイへの移住はその時点では無理でした。**

でも私は、スマホの待ち受けやパソコンの壁紙を理想的なドバイの生活を表す画像にして、常にドバイにいるかのような感覚を味わうようにしました。そうしていたら、ビジネスのチャンスが驚くほど舞い込んできたのです！

また、ドバイの移住をサポートしてくれる人との出会いもあり、結果的に決意してからたった8ヶ月でドバイに移住することができたのです。

また、こんな時にも私は、**脳の勘違い**を使いました。

以前、モナコへの旅行ですっかりモナコに魅了されたので、モナコにご縁が欲しいと願いました。そこで私がモナコに頻繁に訪れたり、モナコのパーティーにいる姿を思い描いたりするようにしました。

当時はモナコに一人も知り合いはいませんでした。でも日本でママチャリを漕ぎながら「私は今モナコにいる」と自分に言い聞かせ、毎日のようにモナコを訪れている様子をイメージしたのです。そうしたらなんと！　2年後、私はモナコの舞踏会に招待されることになりました。モナコに縁もゆかりもない私でしたが、「モナコに頻繁に訪れている私」というイメージを持ち続けることで、今は年に数回モナコに呼ばれる生活を送っています。

このように、何度も具体的にイメージすると、脳が勘違いして現実を引き寄せやすくなることがわかっていただけたのではないでしょうか。

もしかしたら、今の段階では「えっ!?」と思うかもしれません。でも効果絶大なので、ぜひ一度試してみてくださいね。

ステージ③ ゴールにたどり着く方法はお金だけじゃないと知る（バシャールの教え）

「地球の人たちは豊かさ＝お金だと思っているけれど、豊かさはお金だけではない。お金は豊かさの中のほんの一つにしか過ぎないのです」

私がバシャールと対談をさせていただいた時に受け取った言葉です。

バシャールとは、スピリチュアル界では名前の知られた地球外の存在で、地球の人々が豊かさを手に入れるためにメッセンジャーのような役割をしています。バシャール自体は目に見えません。代わりに有名なチャネラーであるダリル・アンカさんがバシャールのメッセージを伝えています。

「豊かさというのは、例えば、人とのつながりだったり、偶然に欲しいと思ったことが起こるシンクロニシティ（意味のある偶然の一致）だったり、チャンスだったり。豊かさはありとあらゆるところにあふれているものです。しかし、地球の人はいつも『お金』だけにフォーカスをしています」

このバシャールのメッセージはお金や豊かさの本質を伝えています。

何かをしたい、何かが欲しい、と思った時、皆さんにとってまず障害になるのは、お金があるかどうか、ということではないでしょうか？

でも、お金がなくても自分の願いを叶えられる方法がいくらでもあるのです。

例えば、家族でハワイ旅行に行きたいとしましょう。最初に考えるのはお金のことでしょう。「お土産代も含めて100万円ぐらいは必要かな？」などと予算について考えると思います。しかし、多くの家庭にとって100万円は簡単に捻出できる金額ではありません。ですから、「100万円は今すぐは難しいよね、やっぱり諦めよう」となったり、「たくさんボーナスが入ったら行こう」、「お金が貯まったら」と考えたりしがちですが、そうすると、**「お金がないから今は行けない」**という結果になってしまいます。

そこで、「100万円を捻出できるかはともかく、ハワイに行こう！」と決断するのです。お金があろうがなかろうが、以下のことを決めてみましょう。

・家族でハワイに行くこと

・○月に行くこと
・○○に泊まること
など**実現したい具体的なことを決める**のです。

そうすると、
・商店街のくじをひいたらハワイ旅行に当たった
・お父さんが会社の研修でハワイに行くことになり、家族も一緒に行けることになった
・お母さんが働いている会社で功労賞が当たって、家族全員ハワイ旅行をプレゼントされた
などなど、**思いもつかなかったいろんな引き寄せが起きる**のです。

実際に私の講座の受講生さんでこんなことがありました。
この例と同じように、ハワイ旅行に家族だけでいく、と決めていたら、義両親の費用負担で一緒に行くことが決まりました。ところが、行く直前になり義両親の体調が悪く

なって、結果的に旅行費用すべてを負担してもらって念願の家族水いらずのハワイ旅行を堪能することができたそうです。しかもお土産代まで出してもらえたそうです！

こんなふうにあなたの願いを叶える方法はいくらでもあるのです。

お金がないと無理、できないという時点で止まってしまうと、そこから先が起きなくなってしまいます。自分の思考を変えることによって、それを実現できるところまで宇宙が引っ張っていってくれるのです。

お金をかけずに行く方法はないかなと、脳に問いかければ、脳がアンテナを張り巡らし、解決方法に導いてくれる情報を直感という形で教えてくれるのです。

コラム

本当に欲しいものを叶えるドリームフォーカスメソッド〜5W1H〜ワークで浮きぼりにする

豊かになって幸せになりたいと願っていても、自分にとってそれがどういうことなのか具体的に表現することは意外と難しいですよね。多くの方が幸せになりたいと願うのに、幸せを十分に感じられなかったり、何か物足りない、と感じるのは、自分が本当に欲しいものを具体的にわかっていないからです。

例えば、「大きいおうちに住みたい」と願っていたとして、

・大きいおうちというのは、何平米で間取りはどんなふうか？
・どんな内装でどのような家具があるのか？
・その家は、どこにあるか？

「私は、〇〇町の〇〇に何平米で、どのぐらい間取りがあって、日当たりがよくて窓から緑が見えて、こういう家具があるおうちに住みたいです」と、パッと言える人というのは、ほとんどいません。

その時に聞かれて初めて「えーっと、そうですね……」と考え出すのです。

自分にとって何が最高に幸せを感じるのかはあなたしかわかりません。

では、実際にあなたの欲しいものを叶えるワーク、「ドリームフォーカスメソッド5W1Hワーク」をご紹介しましょう。

何が欲しいのか（WHAT）
いつ欲しいのか（WHEN）
どこで、どこに欲しいのか（WHERE）
なぜ欲しいのか（WHY）

誰が、誰と欲しいのか（WHO）
どのように欲しいのか（HOW）
実際にあなたの欲しいものを書き込んでいきましょう！

●何が欲しいですか？（WHAT）

例えば成功だとしたら……成功とは具体的にどういうことですか？
仕事で成功したいですか？
プライベートで成功したいですか？
具体的にどういう状態があなたにとって成功ですか？

例）自分にとって成功したと感じるのは、お客様から感謝されながら年商1千万円になり、毎月、素敵なレストランで値段を気にせず食事を楽しめるようになった時です。

●いつ欲しいですか？（WHEN）……それはいつ欲しいのですか？

例）3年以内、2026年の12月31日までに

●どこで、どこに欲しいですか？（WHERE）……どこで、どこに欲しいですか？

例）オンラインの世界で成功し、世界のどこにいても仕事ができる環境にいて、旅を楽しみながら仕事をしている。

●なぜそうしたいのですか？（WHY）……そうしたい理由はなんですか？

例）成功したことを、親に見せたい。親が自慢できる娘になって親孝行したいから。

パートナーに認められたい。成功して世界を飛び回るのが昔からの夢だったから。

●誰と、誰に欲しいですか？（WHO）……誰と、誰に欲しいですか？

例）プライベートも仕事も一緒に楽しめるビジネスパートナーと出会い、一緒に成功したい。

●どのように実現したいですか？（HOW）……どのように実現したいですか？

例）できる人にできることをやってもらって、たくさんの人に助けてもらって実現したい。

このように一つひとつしっかり具体的に定めると、あなた自身がどこに向かえば良いのかがわかり、これからの行動が明確になります。またあなたを見守っている宇宙からの応援も受け取りやすくなります。

4章

「美しいお金の流れを作るための8つのルール」

この章では、ビューティフルマネーの流れを作るための8つのルールをお伝えします。

これは、私自身が実践し、実際にスムーズで豊かなお金の流れを作った方法です。また、ミリオネアとお付き合いするなかで、「これは間違いない」と確信した共通の方法でもあります。

あなたもこれらを実践して、途切れることがないビューティフルマネーを受け取っていきましょう。

ルール① 「お金」そのものは意味がないと理解する

あなたはお金とは何だと思いますか？

ここまで読み進めていただいたあなたは、今までと少しお金に対する見方が変わってきたかもしれませんね。これはとても大切な質問です。お金は、**その人が信じているものに姿を変えていく**からです。そして、**あなたが信じている通りにお金は動いていきま**

す。ですから、お金とは何かを理解することがとても重要なのです。

あなたの手元に一枚の1万円札があるとします。

あなたは、その1万円札を燃やすことができますか？　この実験を行うと、ほぼ全員の方が「とてもじゃないけど燃やせません」と答えます。

では、1万円札と同じ大きさの普通の紙ならどうでしょう？　おそらくほとんどの方が何も感じずに燃やせると思います。

同じ紙なのに、なぜ普通の紙が燃やせて、1万円札は燃やすことができないのでしょうか。それは1万円札が1万円のものと交換できる「価値」を持っているからです。

つまり、お金とは、**価値交換ができる紙ということです。**

でも、1万円札の原価はいくらだと思いますか？

実はたった20円前後、と言われています。びっくりですよね！　1万円札はそれ自体が高価で、ありがたいもののような気がするのに、たった数十円でできているものだなんて。お金そのものには何の意味もありません。私たちがこの紙切れを、「何かと交換できる価値があるもの」と認めるから、たった20円前後の紙切れに価値が生まれ、人はお金をありがたがって欲しがるのです。

ルール② 「お金」も「価値」も常に変動するものだと知る

日本円は、今は、1ドル約146円です（2023年8月下旬現在）。これは世界が日本円の価値をこのように決めているからです。時期によっては、これよりも高くなる時もありますし、安くなる時もあります。

例えば、日本で1万円の価値でも、アメリカでは6千円相当の価値になったり、他の国では1万2千円になったりします。1万円の価値が国によって変わるわけです。

つまり、**「お金」も「価値」も常に変動するものであり、その価値は「人間」が決めているる**ということです。

日本では、水道の蛇口をひねると、水を飲むことができますね。水道水は0円ではありませんが、価格にして500㎖のペットボトル一本あたり0.5円以下です。しかし、売られているペットボトルだと一本150円ほどになります。さらに、見た目の良いガラス瓶に入った水は1000円以上の場合もあります。中には「これは、貴重なミネラルがたくさん入った特別な水なので、一本1万円です」と言われたら、価値を認めた人は1万円を出すでしょう。

では、想像してみてください。

あなたが灼熱の砂漠のど真ん中にいて、喉がカラカラで、十数時間の間、水を一滴も飲んでいない状況だとします。その時に、水一本で10万円する瓶をラクダに乗った人が売りに来たら、どうでしょうか？　あなたが手元に10万円を持っていたら、高い！　と思いながらも死ぬよりマシと思って、10万円を払ってお水を手に入れるのではないでしょうか。

お金は、その人が「価値」を感じたものと交換するのです。

つまり、**お金の金額そのものは意味がなく、その人が価値を感じたり、価値を認めた**

りするかが重要であるということです。

次はお金が増えていく、お金の使い方のルールについてお伝えします。

ルール③　お金は「入口」よりも「出口」を意識する

私がお金の本質について学び始めた時に、大富豪の方や、成功している経営者の方に教わったことがあります。

それは、**お金は「入口」よりも「出口」の方がはるかに大事、**ということです。

つまりはどのようにお金を手に入れて、お金を増やしていくかよりも、どのようにお金を使うか、何に使うか、というお金の使い方の方が大事ということです。

借金で苦しかったころ、私の脳内の95％はお金のことばかりで、いかにお金を稼ぐか、いかにお金を手に入れるか、どこかにお金が落ちてないか？　と探すほど、「お金の入り」に気持ちが集中していました。

一方で、今までの私のお金の使い方はほとんど意識したことがなく、必要だから買う、欲しいから買う、見栄のために使う、安い方を買う、付き合いで仕方なく払う、というものばかりでした。

なぜ、お金は「出口」が大事なのでしょうか。

理由は2つあります。

一つは、お金の使い方は、その人の生き様や人生観、在り方を表すからです。

ルール2で、お金は「価値」であることをお話ししました。あなたが「価値」を感じるものにお金を使うということは、お金の使い方はあなたの価値観の表れであり、**「生き方そのもの」**と言えます。

以前の私は、自分が大切にしたいものにあまり意識を向けたことがなく、**「どんな人生を生きたいのか」**ということを真剣に考えていませんでした。ぼんやりと「幸せになりたい」、「苦労しないで楽をしたい」、「楽しければ何でもいい」とさえ思っていました。

だからお金の使い方も適当で、その場限りだったり、見栄のためだったり、流行りもの、安いからとか、会社のグチを言い合う同僚との飲み会、仕事のストレス発散のための買い物やエステなど……、意味のない不毛なものにお金を使い続けていたのです。

繰り返しになりますが、**お金の使い方は「生き方そのもの」です。**

あなたが今どのようにお金を扱っているかであなたの生き方が決まり、将来あなたのもとにどのくらいのお金が入ってくるかが決まります。お金に愛されたければお金を大事に使い、本当に必要なものだけにお金を使うようにしてくださいね。

お金の出口が大事なもう一つの理由は、

お金はエネルギーだという話をしましたが、それにあなたのどんなエネルギー（気持

ち）を乗せるかで、良い循環になるのか、悪い循環になるのかが決まり、どんなお金が戻ってくるかが変わってくるということです。

お金はお水のようなものだと想像してみてください。

地球上の水は、海水や地面の水が蒸発し、空で雲になって、やがて雨や雪になって地面に降り、それがまた集まって川となって海に至るというように、絶えず循環していま す。お水を溜めていると澱《よど》んで腐ってしまうように、お金も使わないようにしていると澱んだものになるのです。

そして、お金を循環させた時、どんなエネルギーを乗せてもそれは循環して、大きくなって戻ってくるのです。

宇宙は私たちの思考や感情に対して応答し、私たちが放つエネルギーを反映します。**私たちがどんなエネルギーを乗せて行動するかによって、私たちの周りにも同じようなエネルギーが循環し、大きくなって戻ってくる**のです。

あなたがネガティブな気持ちでお金を使えば、そのエネルギーが増幅してあなたの元に戻ってくるし、ワクワクとしたポジティブな気持ちで使えば、そのエネルギーも大きくなって何倍にもなって返ってくるのです。

ルール④　自分の価値観に沿ってお金を使う

私が幸せなお金持ちたちと付き合うようになって、驚いたことがあります。

それは、お金持ちはある意味「すごくケチ」だということです。言い換えると、お金の使い道に非常にシビアです。彼らは自分が、価値があると思うものにはお金に糸目をつけませんが、価値がないと思うものには徹底してシビアです。何百億円も稼いでいるお金持ちでも、たった50円の差でも安い方を選ぶのです。

私がまとまった金額を売り上げるようになったころ、「私やっと稼げるようになったんだから」と、いい気になって、倹約していたストレスを発散するようにお金を使っていた時があります。もちろん、散財するのでお金はどんどん減っていきました。

当時、お金のメンターだった人から、「香織さん、ちゃんと1円単位でお金を管理している？　お金を大事に使っている？」と聞かれたことがあります。

もともと私はどんぶり勘定のタイプでしたから、お金の管理も苦手でしたし、価格にこだわることが貧乏だった時を思い起こさせるので、考えることを避けていました。

ですが、それから1円をも大事にするお金の使い方を教わり、実行するようになったら、お金が減らなくなったのです。

ここで簡単にできる、お金が減らないお金の使い方のワークを行ってみましょう。

W ワーク

お金が減らない！　美しいお金の使い方のワーク

（この後に私の回答があるので、書き方がわからない場合は先に読んでから回答してもOKです）

・あなたにとって絶対譲れないものを5つ挙げてください

これはあなたの生き方、価値観を表すものです。手に入れられなかったり価格を下げたりするとあなたの気持ちが下がってしまうものです。

1.
2.
3.
4.
5.

・できればこだわりたいけど優先順位はそれほど高くないものを3つ挙げてください

1.

2.

3.

・あなたにとってそんなにこだわりがないものを3つ挙げてください

1.

2.

3.

・あなたにとって不要なもの、あってもなくてもいいものを3つ挙げてください

1.

2.

3.

いかがでしたでしょうか？

私の絶対譲れないものを例に挙げると、1．住環境（旅行先のホテル含む）、2．食べ物（グルメ、食材）、3．子どもがイキイキと過ごせる学校と環境、4．自己投資、5．身体のメンテナンスです。優先順位がそれほど高くないのは、1．ファッション、2．美容関係、3．移動手段。

そしてそんなにこだわりがないのは、1．ブランド品、装飾品、2．化粧品、3．食器やカトラリー、不要なものは1．テレビ、雑誌、2．意味のない人付き合い（とそれに使うお金）3．見栄のために使うお金、です。

私の友人で、長年会計の仕事をしていたお金の専門家に、以前、お金の使い道について相談したことがありました。

「香織さんが大事に思っているものにはお金をケチらないでください。お金、使っていいんですよ！　それをケチってしまうとエネルギーが下がってしまいますよ」

彼女のこの言葉がとても嬉しくて、**それから自分の価値観に沿ってお金を使うようになったら、お金が減らないお金の使い方ができるようになりました。**

以前の私は、自分にお金を使う時、心のどこかで「贅沢なのではないか?」と、罪悪感を感じながら使っていました。でも、自分にとっての大切な価値観を理解したことで、自分がこだわらないことにはさらにお金を使わなくなり、また絶対譲れないものには罪悪感なく堂々と使えるようになったのです。

そうすると、好きなものにしっかりとお金を使っているのに、不思議と、お金がそんなに減らないという現象が起きていくのです。これは私の講座を受けた受講生さんたちにも共通して起こり、「お金を使っているのに貯金がなぜか減りません!」、「お金を使っているのに不思議とお金が増えていきます!」と喜んでもらえています。

この価値観に合うことに使うお金がまさに「ビューティフルマネー」なのです。

ぜひあなたも、あなたの価値観に合うビューティフルマネーを使うようにしてくださいね。

ルール⑤ 支払うお金に「感謝」のエネルギーを込める

次に、**お金が喜ぶ、美しいお金の回し方についてお話ししていきますね。**

1章でお金の本質は感謝のエネルギーとお伝えしましたね。とても重要な考え方なので、これについてもう少し詳しくお話しします。

例えば、レストランで美味しいご飯を食べたら、ご飯の対価としてお金を払いますよね。私は、その美味しいご飯を食べることを実現するために関わってくれた方たち全員に感謝することを意識します。

「この素敵な空間で、美味しいご飯を食べることができました」

から始まって

「美味しいご飯を作ってくれた料理人の方や食材の生産者さん」

「食事を運んでくれたりサービスをしてくれたりした給仕の方、レストランをきれいに清掃してくれたスタッフさん」
「料理を美しく演出する食器やカトラリーの生産者さん」
「お店を素敵なものにするインテリアメーカーさん」
「お店の看板やメニューを制作したデザイナーさん」
「食材等を運送する運送会社さん」などなど……

私の食事に関わってくれた人を想像すると、数えきれないほどの人や会社が私のお腹を満たすために働いてくれたことに気がつくのです。**そこでお金をお支払いする時は、その方たち全員に感謝のエネルギーを込めてお金を支払います。**

私の支払うお金には「感謝」というエネルギーが込められます。

そうすると、私が**人に対して役立つことをした時に、そのお金が何倍にもなって帰ってくるのです。**

また当たり前だと思うことにも感謝をするように意識しています。

例えば、朝起きた時に、
今日も朝を迎えることができてありがたいなぁ……
健康的な体を持つことができてありがたいなぁ……
おいしく朝食を食べることができてありがたいなぁ……
自分の生活を支えてくれている人がいてありがたいなぁ……

「自分は、とても恵まれている」と実感し、感謝を感じることで人の心は満たされます。
心が満たされた状態が、あなたの波動を高めていきます。量子力学では証明されていることですが、同じ波動を持つものは惹き合うという性質を持っています。**あなたが日々感謝を感じて心が満たされることで、波動が高くなっていくと、同じ高い波動を持ったものが引き寄せられていくのです。**

結果的に、あなたが望むお金だったり、違う形の豊かさだったり、チャンスや人脈という形であなたの高い波動と同じものが引き寄せられていくのです。

感謝の良いところは、時間がかからず、場所を選ばずに、簡単にできるのに、心は満たされるし、いろんなものを引き寄せてくれます。

そして何よりも良い点が、**「無料」**でできることなんです笑！

どんな時も感謝の気持ちを持つようにしてみてください。驚くほどの変化がでてくることを実感すると思いますよ。

ルール⑥　お金に応援のエネルギーを込めて送り出す

次にお金が元気になる、美しいお金の払い方で、もう一つ、意識してほしいのが**応援のエネルギー**です。

応援のエネルギーというのは、「これからもっと繁盛して、美味しいご飯を作り続けてください、応援します！」というものだったり「この商品のファンなので、これからももっと良いものを世に出し続けてください！」といったりするものです。

株式投資やエンジェル投資なども「この会社がもっと発展したらいいな」というお金を通じた応援ですし、最近一般化してきたクラウドファンディングや寄付なども応援のエネルギーですよね。

日本では一般的にあまり寄付は馴染みがないかもしれませんが、海外ではチャリティー活動は非常に普及していて、学校では定期的にチャリティーのイベントを開催したり、無償で労働を提供するボランティアの活動をしたりするのも活発です。

私は起業したてのころ、お金がなかったのでメンターのイベントに積極的にボランティアとして参加することを心がけていました。ボランティアなので交通費も自腹です。メンターを応援したい、そばで学びたいという気持ちでいっぱいでした。同じ学びをする仲間の中には「あの人はボランティアと称してお金をケチっている。交通費も支給しないなんてセコい」と陰口を言う人もいました。応援の気持ちで無償の労働を支払った私は、その後、そのメンターから講師を依頼され、有り余る報酬をいただけることになったのです。

まさにこれが、お金がお友達を連れてブーメランのように戻ってくる循環なのです。ぜひお金を払う時は、**支払う先に「応援しています」という気持ちを込めて**支払ってくださいね。もちろん、お金が無い時は私の時のようにお金以外のものを差し出すこともOKです。

ルール⑦ なくなった……ではなく、交換した価値を意識する

ドバイは、物価が高いのでコーヒーが一杯千円ぐらいします。でも、お金を支払う時に「コーヒーを買ったから、千円がなくなっちゃった」と思うのではなく、「千円という現物はなくなったけど、千円分の価値のコーヒーを手に入れた」と捉えます。そうすると、常に自分の中でプラスマイナス0になります。

大抵の人は、「お金がある」、「お金がない」を基準に考えるので、○○を買ったもし

くは、〇〇に払ったけど、「またお金がなくなっちゃった」と考えるのです。

お金を払った時は、**お金がなくなったと考えるのではなく、交換した価値を意識し、価値が残っていると考える**ことが大切です。

そしてとても効果絶大なので絶対にあなたにやってみてほしい習慣があります。

お金を支払う時に、**自分の可愛い子どもを見送る気持ちで、お金に快く旅をさせてほしいのです。**

旅に出ているだけですから、いつかは必ず戻ってくるのです。だから私は、お金を払う時に、いつも**「お友達をたくさん連れて戻ってきてね」**と言って、子どもをお友達の家に送り出すような気持ちでお金を支払います。

これを続けていると、「あの時のお金がお友達を連れて帰ってきた！」とわかる瞬間があります。不思議なのですが、本当にこの感覚を感じられる時が来ますので、ぜひ根気良く続けてみてくださいね。

お金を人として考えて、人のように扱うと、お金もまるで人のように喜んでくれます。嘘のような話に思えるかもしれませんが、ぜひ騙されたと思って実行してみてください。

では、お金を美しく快く見送るためのワークを実際に一緒にやってみましょう！

W ワーク　お金を気持ちよく送り出すワーク

ここではあなたの愛するお金さんが旅する様子を見送っていくワークをしましょう。文章を読みながら、お金さんが旅をしていく様子を、五感を使って頭の中でゆっくりと想像していってください。

このワークは、お金に旅をさせる時に、自分が払ったお金でいかに多くの人が幸せになっていくのか、その人たちの笑顔をありありと想像するワークです。

あなたは今、お気に入りのカフェにいます。

大好きなコーヒー一杯を飲んで６００円を払います。

「ありがとう」、「いってらっしゃい、たくさんお友達を連れて帰ってきてね」笑顔であなたの大切なお金さんを送り出してあげてください。

さあ、その600円は散らばりながらいろんなところに旅立ちます。お店のオーナー、そのコーヒーを淹れた従業員、コーヒー豆を焙煎した人、コーヒーを仕入れたメーカーの人たち、コーヒーの袋のパッケージを制作した人、コーヒー農園の人たち、それを運ぶ運送会社の人たち、カフェの内装を担当した人、インテリアメーカー、看板やメニューを作った人、コーヒーの食器メーカー、カトラリーの会社、砂糖やミルクの業者、それらを運搬する運送業者……など多くの人へあなたの600円が分散して広がっていきます。

そうすると、それを給料として受け取った人が、家族に美味しいご飯を買ったり、子どもの学費に当てたりするために、さらにその先にあなたのお金が散らばっていきます。

あなたが払った600円が世界中に散らばって、そのお金があなたのたった一杯のコーヒーに関わった、何十人、何百人もの人たちの生活を支えて、その家族も支えて、その人たちがハッピーに生きている様子をゆっくりと想像してください。
あなたの600円が**数えきれないほど多くの人を笑顔にしています。**

とても素敵なことだと思いませんか？

お金は旅をして幸せになって、その幸せになったエネルギーがまた自分のところに戻ってきます。
そんな様子を想像しながら笑顔で**お金さんを快く旅させてあげましょう。**

ルール⑧　請求書は自分のステージをアップさせるメッセージだと気づく

お金が不足している時に一番貰いたくないもの、それは請求書ではないでしょうか？
我が家で多額の借金があった時、光熱費などの請求書が届くと、そのたびに心臓が止まりそうな感覚に陥り、胸の鼓動が激しくなって全身から冷や汗が出たものです。

「うわ〜！　どうしよう‼　どうやって払ったらいいのかな？　支払いを遅らせたいけど電気や水道を止められてしまう！」と頭を悩ませていたものです。


またマレーシアに子どもたちと住んでいる時に、収入は上がってきたものの、入るお金と出ていくお金のタイミングが合わないために、子どもたちの学費をすぐに払えないという状況があり、何度か立ち往生した経験がありました。

マレーシアでの生活費は最初の2年間はすべて私が負担していたのですが、私の希望で子どもを連れて海外に移住した引け目を感じていて、夫には「お金がない」と言えませんでした。だから学費の請求が来ていることを指摘された時、「あれ？　気がつかなかった！」と言い訳したり、学校には内心ドキドキしながら「日本の会社からの送金ミスがあって支払いが遅れます」と嘘をついたりしたことがあります。

請求書は神様からの能力証明書

以前に、尊敬する起業家の方から**「借金はその人がその借金を返せるという証明なんだよ」**ということを教えてもらったことがあります。そこでその考え方を採用してすべての請求書は**「自分がそれを払えるという神様からのメッセージなんだ」**と信じることにしました。

どんなに請求書の金額が高かったとしても、もし神様からそれを認められているとしたら、こんな嬉しいことはないですよね。

実際に私の周囲でも、何千万円もの借金をたった数ヶ月で返済できたとか、親が残した9億円の借金をたった数年で返済した、など通常では考えられないような多額の借金を短期間で返済した人たちがたくさんいます。

それほど人というのは無限大の可能性を持っているということなのです。

もし、あなたの手元にすごい金額の請求書が届いたり、チャレンジしたいことが高額でとても払えない状況だったりするとしたら、笑顔でこう唱えてみてください。

「痺《しび》れる〜!!」

これを合言葉にゲーム感覚でその請求書に取り組んでみてください。

私は厳しいロックダウン中のマレーシアからドバイに移住することを決めた時、貯金はたったの80万円でした。80万円はドバイへの家族全員分の飛行機代にもなりませんでした。そして移住のためには数千万円が必要だとわかった時、私は空に向かってこう叫んだのです。

「くぅ〜〜!　痺れる!」と。

手持ちの貯金の80万円を例え10倍にしたとしても到底移住に必要な金額には満たない。

私は毎晩、子どもたちを寝かしつけた後、リビングで天井を仰ぎながら「どうしたらいいのだろう」と途方にくれていました。でも、これは神様のメッセージだと信じて、ドバイに住んでいる様子をイメージながら行動し続けました。結果的に宇宙の応援が舞い込んで、8ヶ月後に私は無事に子どもたちとドバイに移住することができたのです。

自分を最高に幸せにするプロデューサーになる

さて、自分が本当に欲しいものが明らかになったら、1章で書いたように、あなたは自分を第一優先にし、自分の欲求を満たすことを決めないといけません。でも、長年、自分のことは後回しにしていたあなたは、そのくせをすぐには治すのは難しいかもしれません。

ここでは、「自分を優先した方がいいことはわかったものの躊躇する」、「自分のやりたいことが浮かんでこない」、「ぼんやりと夢はあるもののどうしたいいかわからない」という方が、**罪悪感なしに確実に自分を満たしていく方法**をお話ししていきます。

まずは最初のうちは満たしていく「私」を自分ごとにしないで、自分は「＊＊（自分の名前）ちゃん」を最高に幸せにするプロデューサー、として考えて行動してみてほしいのです。

私も昔は自分を最優先して満たしていくことにとても抵抗を感じていました。母は生前カトリック教を信仰していて、自分よりも人に奉仕することを生きがいにしていました。そんな母に育てられた私も他人に奉仕することが当たり前になり、自分を優先することに罪悪感を覚えるようになったのです。

そこで、私が試みたのは「私」ではなく「アマーリア香織」を幸せにするプロデューサーであり、１番の応援団長になるということでした。

このように、自分である私を切り離すことで、気持ちが楽になります。

さあ、ここでぜひ自分に聞いてあげてください。自分の中に小さい女の子／男の子がいると想像して、「＊＊ちゃん、どうしたい？　どうしたら嬉しいの？　何をやってみたいの？」と、まるで小さい子どもに聞いてあげるように幼い自分に聞いてあげましょう。これはインナーチャイルド（＊注釈）を満たす方法としても効果的な方法です。インナーチャイルドを意識すると、自分の本当の気持ちがわかり、抑圧されていた本音が出てきて、忘れていた夢、本当にやりたかったことが、思い出されてきます。

私の例を紹介しながら具体的に説明していきますね。

私は幼い時は内気で、親からは「何を考えているかわからない」と言われて育ってきました。言葉も遅く人見知りで、自分の気持ちを表現するのが苦手な子どもでした。

インナーチャイルドを通して自分と会話していくことで、私は自分が「隠れ目立ちたがり屋」だったということに気づいたのです。目立つ行動をする勇気も行動力もないけど、本当はスポットライトを浴びたいと思っている、そんな子どもだったのです。

周囲から浮くような雰囲気を持っていた私を心配した母親は、私に小さい時から「絶対目立ってはいけない。ましてや人前に出るような世界に入るなんて考えてもいけない」、「芸能界に入ったら勘当」とも言われていました。

そういう環境で育ったので私はスポットライトを浴びている人たちをひそかに羨ましく思いながら、自分は黒子のように生きていくことを選んでいました。

私が自分自身に尋ねると、小さい香織ちゃんからこういう答えが返ってきました。「スポットライトを浴びるような体験をしたい」、「でも自分がガツガツと自己主張して目立つような行動はしたくない」

こうして私は「香織ちゃん」が自己主張することなく自然にスポットライトを浴びていくにはどうしたらいいかを考えるようになりました。自分がスポットライトを浴びると考えると、「いやいや、私そんな大した人間じゃないし」と自己否定や恥ずかしさが出てしまい、思考がストップしてしまいます。

でも、「アマーリア香織」という新人のタレントを任された敏腕プロデューサーであると思うことにして、そうすることでやりがいが湧いてきました。

そしてそれを意識するようになると何をしているわけでもないのに不思議と、そのような機会がポツポツと現れ始めたのです。

そこでそのようなオファーも「私」が引き受けるのではなく、プロデューサーが「アマーリア香織」の仕事を受ける、というスタンスでいるようにしました。そうすることで自分にとっては尻込みしたくなるようなオファーもスッと受けられるようになったのです。

そしてありがたいことに、いろんなところから講演の話やスポットライトが当たるようなポジションのお話がたくさん舞い込んでくるようになりました。敏腕プロデューサーとしての視点のお陰で、ブラジルでの世界中の約10万人が参加したオンラインイベントでのスピーチも請け負うことができましたし、なんと！　カンヌ国際映画祭のレッドカーペットをＶＩＰ待遇で歩くという素晴らしい経験までさせていただきました。

こうして小さい香織ちゃんの隠れ目立ちたがり屋の願いを叶えてあげることで、結果的に私自身が満たされるようになりました。

世界中を飛び回って、家にあまりいない時間が増えていきましたが、家族や子どもたちは寂しがる様子も見せず、心から私の活動を応援してくれ、誇りに思ってくれています。

それだけでなく、多くの女性から「香織さんのように自分もなりたい」と言ってもらえるようになりました。私はスポットライトを浴びただけではなく、たくさんの女性に勇気と希望を見せられるようになったのです。

これが、自分を第一優先で満たすようになると、周りもどんどん幸せになっていく、という幸せの循環です。

ぜひ、あなたも小さい自分に話しかけて、インナーチャイルドの願いを叶えてあげるプロデューサーとして行動するようにしてくださいね！　あなたが満たされることで、どんどんあなたの周りも幸せの波動が波及していくようになります。

注釈：インナーチャイルドとは、心理学や精神療法で使われる考え方で、自分の内面にある「本当の自分」を象徴したものです。

魔法のスイッチを入れる簡単な方法

最後にもう一つ大事なことがあります。

それはただ「行動を始める」だけでいいのです。

どんなことでも構いません。具体的な第一歩を今すぐ、スタートさせてください。

行動が結果につながっていくことはあなたもご存知だと思いますが、もう一つこれには秘密があります。

あなたが実際に行動をスタートしたことで、エネルギーが動き出すのです。このエネルギーは空間や時空を超えてさまざまな場所に波及していきます。いうなれば、あなたがあなた自身の新しい人生のスタート地点でテープカットしたことを意味するのです。

コラム

お金さんへラブレターを書いてみませんか？

お金は誰もが欲しいものです。

お金を女性と例えると、世界中から**「あなたと結婚したいです！」**とプロポーズされているかぐや姫のようなもの。

世界中でモテモテのお金さんは思うでしょう。「たくさんの人が私を求めているけれど、私がなぜあなたを選ばなければならないの？」と。

世界中の人が欲しいと思っているわけなのですから、当然ですよね。お金さんの立場からすると、「とにかく欲しい！」、「とにかく結婚してください！」と言われるより、「なぜあなたが必要なのか？」、「どのように接してくれるのか？」、「相手がお金さんにとってどんな存在になるのか？」、「お金さんが相手を選ぶ理由は何なのか？」など目的がはっきりしている方が、選びやすいですよね。

私たちはお金を欲しながらも、お金に対して冷たい対応をしていることがあります。以前、私もお金が欲しいと思いながらも、その一方でお金は欲深くて汚い存在だと思い、お金の話を避けていました。しかし、それではお金に「あなたは存在しない」と言っているようなものです。

お金の存在をちゃんと受け入れて、それが自分にとって、どんなに大事なもので、それをどんなふうに使うのかということを、はっきりさせましょう。それがお金さんから愛されるための大事な条件です。

そのためにお金さんにラブレターを書いてみませんか?

例えば、こんな内容で、

・私はあなたをこういうふうに扱っていきます。

・大事に扱っていきます。貯金するだけじゃなくて、ちゃんと有効に使っていきます。
・それはひいては私の幸せになります。私の喜びになります。

お金は「私の存在があなたを幸せにするのね」と喜んで寄り添ってくれるでしょう。さらにお金さんを喜ばせるために、お金を好きなものに使ったり、投資に回したりしてみましょう。そのことでお金はどんどん活性化していきます。

ある中国の大富豪の本にこんなことが書いてありました。**「お金というのは、寂しがり屋だから、お金がたくさんあるところに集まっていく」**と。それは、単にお金があるところに集まるのではなく、喜びのお金が循環しながら、どんどん貯まっていくところに、お金は集まりたがるということなのです。

まずは、お金さんへ向けて、ラブレターを書き出してみましょう。

5章

「望むだけのお金を受け取った女性たち」

この章では、受講生さんの例を具体的にご紹介しましょう。

わだかまりのあった母親から100万円がポン！（Y子さん）

私の母は、私をコントロールしようというところがあり、家でも「親の前で自分の意見を言ってはいけない」「親に逆らってはいけない」など、数多くの制限があり、私はその中で生きていました。

母との間にはわだかまりがあり、なんとなくぎこちない関係でした。それが、アマーリア香織さんの講座を通じて、母親との関係を受け止め、許すことができました。

すると、いきなり母親から「これ、あげる」と、100万円を渡されたのです。

もう、びっくりです！　昔の私だったら、「お金を使って、また私をコントロールするんでしょう？」と疑って、受け取れなかったでしょう。

でもスッと素直にお金を受け取ることができました。今では、母とのわだかまりはなくなり、良好な関係を築いています。

複数社から年収数倍アップでオファーが！（Sさん）

私は、いわゆるキャリアウーマンで、それなりに給料もあって、バリバリ働いていました。でも稼ぐようになると、両親との生活の格差が気になるようになってきたんです。稼げば稼ぐほど、両親の生活レベルと自分の生活レベルの差が開き、申し訳ないという気持ちでいっぱいになっていました。両親と旅行に行く時は、両親のレベルに合わせ、夫婦で行く時はいいホテルに泊まるなど、私の生活を両親に隠すようになっていたんです……。

ある時、アマーリア香織さんに「お父さんやお母さんより稼いではいけないと思っていませんか？ご主人に対しても、ご主人の年収を超えちゃいけないと思っていませんか？ ご両親やご主人に合わせて、今までと同じ生活を続けて、そこそこの年収で生きていくのと、そこを突破して、さらに稼いで自分が実現したい人生を生きるのとどっちがいいですか？」と質問されたんです。

私はその質問を聞いて即答しました！「絶対、後者の方が良いです！」

私の意識が変わった瞬間でした……。

そうすると、私が想定しているよりはるかにすごい複数の会社からヘッドハンティングのオファーがきたのです！

今では、給与だけでなく、待遇もいい会社を選んで、さらにバリバリと働いています!!

コロナ禍で仕事がなくなった私たちにお金がポン！3千万円！（Mさん）

私は契約社員で働いていましたが、コロナ禍で、出社ができなくなり、失業寸前に追い込まれていました。夫婦ともに収入が激減。子どももいるし、この先どうしようと悩んでいました。

自粛期間の中、アマーリア香織さんのお金の講座を繰り返し、復習していました。講座に参加する以前、私は人生の欠点にばかり目を向けていました。お金がない、友達がいない、環境が劣悪——これらの事実が、私の視野を狭めていたのです。しかし講座を通じて、私の意識は劇的に変化しました。自分が生きる使命を理解したことで、存在しないものから存在するものへ、不幸から幸せへと視点が変わりました。寝る前に「本当に今日は幸せだ」と心の底から感じられるようになったのです。

そうしたら3、4ヶ月目にいきなり状況が変わって、コロナ禍にもかかわらず、会社がお給料を出してくれるようになったのです。

もう一つ、私はマンションでの人間関係に悩み引っ越したいと思っていました。けれど、コロナ禍でマンションの価値は下がる一方で、この時期に引っ越しは無謀かなと思っていたら、なんと予想していたよりも高く売れたんです。さらに補助金などで、合計3千万円がポン！ 手元に入りました！

長い間、私は「自分の考えが正しい、みんなも同じことを思っているはずだ」と思い込んでいましたが、参加者とともに学ぶ過程で、人それぞれの考え方があることに気づいたのです。この気づきを深める過程で、自分自身と向き合い、何かが自然と変わっていきました。その結果、不思議なことに、お金が自然と流れてくるようになりました。今日までこの生活が続いていること自体、言葉では表せないほど不思議でなりません。

そして細々とやっていたお花の仕事やアクセサリーのビジネスが、一気に急成長して、今は猫の手も借りたいほど盛況で繁盛しています。

メディアの取材が殺到！　夢の海外進出も（M子さん）

以前私は、男性に騙されて借金を作ってしまいました。それを返済するために、3年間無給で働いたことがあります。そのため、人に対して疑心暗鬼になってしまって、男性に対しても「また騙されるのではないか」と心底信用することができなかったんです。

私は、この環境が少しでも変われればと、アマーリア香織さんの講座を受けることにしました。私は講座を通じて、自分の過去や元夫、騙した男性を赦すことができたのです。それとともに、100万単位のお金が入るようになったり、私の仕事にも変化が現れたんです！

私は、ダンススタジオを経営しているんですが、そのダンススタジオに、有名な雑誌や、テレビ局から取材の依頼が舞い込んできたのです。そのおかげで、ダンスレッスンも申し込みが途切れることなく続いています！

そして騙されて借金を作ったせいで恥ずかしくて誰にも言えなかったアメリカでダンススクールを立ち上げたいという夢が、今びっくりするほど早いスピードで実現に向けて動き出しています。

自分の信じることを変えると、状況も変わってくると実感しています。

自分に向き合ったら、憧れのホテルで奇跡の開業！（K子さん）

私は医師として大学病院で働いていましたが、どうしても自分のクリニックを持ちたいという夢がありました。私には憧れの場所があったんです。それは、某ホテルで開業すること。ただ、そこには、空き物件もなく、東京の一等地なので賃料も高いということから、それは夢のまた夢だと思っていました。

香織さんの講座を受講後、私の引き寄せは、まず、3人の方からの開業のオファーから始まりました。好条件でしたが、私はなんだか自信がなくて、そのすべてを断ってしまいました。とはいえ、開業したいという夢は捨てきれないまま、コロナ禍になってしまい、夫には反対され、ますます開業することが難しくなってしまいました。

それがある時、ポン！と3千万円ぐらいのお金を支援してもらえることになったんです！

後は主人の説得だけでした。

香織さんには本気でやりたいかどうか、自分で考えて覚悟を決めるように言われました。私はとても怖かったのですが覚悟を決めて「やっぱり開業したい」という想いを主人に伝えたら、頑なに反対していた主人が「わかった、応援するよ」と言ってくれたんです！

それと同時に夢だった某ホテルの空き物件を引き寄せたのです！

お金、夢を見ていた場所での開業、今では雑誌に取材されるようになり、クリニックも好調で本当に幸せです！

反対されていた夢のスタジオ建設費用を次々と手に入れた！（S美さん）

私は音楽の先生をしています。

私の夢は、自分のスタジオを持つこと。ただ、もう私自身は歳だし、そんなお金はないし、今更そんなチャレンジをしたら親に反対されるだろうと、自分のスタジオを持つことは、夢のまた夢、と諦めていました。でも講座を通じて、自分の夢について向き合った時、スタジオのことが諦められないということに気づいたんです！

最初の壁は、両親の反対でした。私は、小さい時から親の言いなりで、やりたいことをやりたい、欲しいものを欲しいと言えない子どもでした。だから、そのスタジオを持ちたいという夢を親に言うことさえ難しかったのです。しかし、勇気を振り絞って、「スタジオを建設したい」と伝えると、「この歳でスタジオを持つって大変だよ」、「お金がかかるけど、どうするの？」など、案の定、猛反対されました。

でも、どうしてもスタジオをやりたいという気持ちは変わりませんでした。

これは、自分が乗り越えなきゃいけない壁だと思い、「やっぱり諦めきれないからスタジオが欲しい」と伝えました。すると、熱意に押されたのか、両親は承諾してくれたのです。次はお金をどうするかでした。

市の申請を出してもなかなか下りず、ダメかな……と、思っていたら、いきなり両親が出資してくれることになったのです。その後、補助金も出て、晴れて夢のスタジオを建てることができました!!

今では、大好きなスタジオで一日中過ごしていて夢のようです。

コラム

あなたが本当に信じたことだけが引き寄せられる

誰しもが、夢や願望を実現したいと願い、「こうなればいいいな」、「お金が入ったら嬉しいなあ」「有名になりたいなあ」と思ったことがあるでしょう。

でも、ただ願うだけでは願いを叶えられる可能性は低いのです。

思考は現実化する力を持っています。

自分が信じた通りの現実が現れるのです。

「こうなればいいな」、「こうなったら嬉しいなあ」という深層心理には、「私、お金持ちになれないかもしれないけど、なれたら嬉しいなあ」という葛藤が見えます。

そういう人は自分がお金持ちになれると100％信じていません。単になれたら嬉しいと思っているだけなのです。

あなたも「こうなったら嬉しいけど、まさかね」と願っていませんか？

宇宙というのは、その人の考えている通りに実現してくれます。

「お金持ちになりますように」や、「お金が入りますように」と願うということは、**その願っている状態**がずっと続いてしまうのです。

そう、「願っている状態」を叶えてくれるのです。

それなら、絶対お金が入ると唱えればいいのね！　と、「私はお金が入りました」と過去形で紙に書いたとします。

しかし、その人に「とはいえ、書いてみたけど、どうなのよ？」という気持ちが1％でも入っていると、叶いにくくなります。

また、私の受講生さんは、起業している人が多いのですが、「希望の売り上げを紙に書いて、アファーメーション（宣言文）を書きましょう」と言うと、年商0円の人が「今年、年商1億円になります」と書くことがあります。

もちろん、年商0円の人が1年以内に1億円に到達する可能性は0ではありません。適切な方法や努力次第で、1億円に到達する可能性はあるかもしれません。

しかし、普通に考えると難しいと感じませんか？

書いた人もわかっているはずです。

自分の現状と夢が大きくかけ離れていると、不安が増していきます。

最初は絶対に実現すると確信していても、時間が経つにつれて、「今月も売上が0円でした」、「来月は10万円ぐらいになるかもしれないけど」「1億円って書いたけど、遠いな」と不安が増幅していきます。

現実と夢のギャップが大きく、不安や恐怖が増幅すると、自分の信じたことが現実化してしまい、結局叶わない結果になるのです。

さらにもう一つ、本当にその人が心の底から願っているのかどうか、も重要です。

心底からその生活を願っていない場合、それは叶うことはありません。

例えば、私が「ビル・ゲイツのような成功を収めたいな」とか「お金持ちになりたいな」と友人と話したとしても、心のどこかでは「有名になると大変そうだな」、「人間関係が大変そうだしプレッシャーも大きそう」と、成功を羨んでそうなりたい、という気持ちと同時にマイナス面も心に抱くと、願望の気持ちと、避けたい気持ちが綱引きして、結局叶わなくなるのです。

だから、大切なのは心の底から本当にその状態を願い、そうなることを信じることです。

純粋に夢を楽しむのです。

「そうなったら本当に嬉しい」というあなたの中の考えと、自分の心の底の想いが一致しているかどうかが非常に重要なのです。自分の現実からほど遠い夢を願うと、それを無理だと思う気持ちや大変だと思うことが引き寄せられ、ほとんどの人が挫折してしまいます。

でも、だからといって自分にとってほど遠い夢が叶わないということはありません。

私はごく普通の一般人であり、女優でもありませんが、カンヌ国際映画祭のレッドカーペットをまるで女優のようにVIP待遇で歩く、という夢が叶ったし、海外の有名な雑誌、エルやコスモポリタン、フォーブス、ハーパーズ バザー、モナコのタイムズなどに記事が掲載されるということも実現しました。

それは私が心の底から願って、こうなりたい、という夢をはっきりとさせたことで夢を引き寄せ、実現させることができたのです。

最終章

「お金に
プロポーズされる
人生を選ぼう」

お金の使い方を学びませんか？

いかがでしたか？

あなたのお金のイメージはどんなふうに変わったでしょうか。

お金は、毎日使うものです。しかし、私たちは今まで、お金というものは何なのかを、考えたり、学んだりする機会なく過ごしてきました。

それは、「包丁をどうやって使うかわからない」という状態に似ています。

包丁は、研ぎ方や切り方ひとつでおいしい料理ができますが、使い方によっては、人や自分を傷つけるものになります。

お金も同じなのです。使い方がわからないのに使っていたり、自分の人生の幸せに基づいた使い方や扱い方を教わっていなかったりしたせいで、人生がこんがらがってしまう方が多いのです。

お金はあなたの本質を照らしてくれる鏡

お金というのは、**人生の本当の課題をあぶり出してくれる鏡**のようなものです。

私は、人生において大事なのは、自分と向き合うことだと考えています。ただなんとなく生きてきた人や、つらいことがありすぎた人は、自分の人生を振り返りたくないし、考えたくないかもしれません。

でも、自分の人生を否定して生きてきた人ほど、自分と向き合う必要があります。それを教えてくれるのが、お金です。自分と向き合うことは、すごくつらいことかもしれません。避けたいことかもしれません。

そこでまず、自分と向き合う前に、ちょっとお金について考えてみませんか。

お金は、間違いなく人を幸せにしてくれるものです。だから、**「お金ってなんだろう。**

どうやったら自分が幸せになるお金の使い方ができるだろう」そんなところからでいいので、まずお金について考えてみてください。

そして、お金についての考え方をたどると、必ず親や育ててくれた人にたどり着きます。育ててくれた人にたどり着くということは、自分のルーツにたどり着くということです。

お金というものを通して、自分の人生について深く知ることができます。

それは自分にとって、好ましくないことかもしれませんが、嫌がらずにぜひ、振り返ってみてください。

自分の身に起きたこと、すべての出来事はその人が幸せになるために起きています。

だから、どんな嫌な出来事でもそこに**幸せの種**を見つけてほしいのです。

以前、私は家庭での多額の借金でつらい体験をしました。でも、その借金の原因を作った夫や社会への恨みつらみで生きていたら、私は今も不幸なままだったでしょう。

でも私はその出来事から幸せの種を見つけたいと思って、自分の問題に向き合うことにしたのです。

すると、私には借金を通して「学ばないといけないこと」、「気づかないといけないこと」がたくさんあることを知ったのです。**不幸な出来事というのは、自分が成長したり、本当の幸せを見つけるための出来事に過ぎない**のです。

だから、この本を読んでくださっている方も、**つらいことやまだ消化しきれていない出来事があれば、そこから幸せの種を見つけてほしいのです。**

この本に書いてあることを実践しながらその種を育てていけば、びっくりするぐらい人生が変わります。そうすると、お金というのは、本当に自分の味方であり、幸せにしてくれるパートナーであることがわかり、お金に愛されるようになります。そして幸せなお金持ちになって、ビューティフルマネーマインドの世界で生きていけるようになります。

そして、お金を基準にして自分の人生を決めるような生き方から卒業して、やりたいことを選択できる人生になります。

あなたはどんな人生を生きたいですか？

ここまで読み終わっても、「そんなことはない」と思う方もいらっしゃるでしょう。

でも、**「そういう考え方もあるかもしれない」**と思って、この本に書いてあることを一度試してみてください。

初めはどんな小さな選択でも大丈夫です。値段が高いからやめよう、お金がないからやめようではなく、**「私は何を選びたいのか」ということを基準に選んでください。**

本当に心の底からやりたいことを選んで、自分が欲しいものを選んでいくと、宇宙から応援のお金が用意されていること、現金が入らなくても結果的に自分の欲しいものを手に入れることができること、宇宙がお膳立てしてくれることに気づき始めます。

まずは、自分がやりたいことは何なのか、どういう人生を生きたいのかを考えてみてください。

そうすると、結果的にお金のことを追わなくなり、人生がうまく回るようになります。

それは誰にでもできることです。

みなさんが、「心の底からやりたいことをする」そんな人生を選んでほしいというのが私の願いです。

あとがき

借金があってお金の悩みが尽きなかった時、私の頭の中は95％がお金のことで占められていました。


「お金がかかるからやめておこう」

「これ、いくら？　高いわ！」

「今月の支払い大丈夫かな。どうやってお金を捻出しようかな」

「欲しいものを我慢して安いからこっちにしよう」


何を判断するのでも、常に基準は「お金」と「価格」。

私の人生なのに、いつも主語が「お金」だったのです。

欲しいか欲しくないか、やりたいかやりたくないか、ではなく、いつも決定権があるのは「払えるか払えないか」ということでした。

これでは、私の人生ではなく「お金」が主役の人生です。
そしてお金がある人を羨んだり、価値がある人のように感じ、お金がない自分を恥ずかしいとさえ思うようになります。

いつの間に私たちは自分の人生をお金に委ねるようになってしまったのでしょう。

私はそこから「お金」ではなく「私」を人生の主役にすることを決めました。

「お金」が高いか安いかではなく、「お金」を払えるか払えないかでなく、「私」が欲しいか欲しくないか、「私」がやりたいかやりたくないか、それを基準にすべてを選ぶことにしたのです。

愛する大切な人へのプレゼントを選ぶように、大切な自分に与えるものを選ぶようにしてきました。

本当は心の底から欲しいのに、価格で選んだら、あなたは自分に対して「あなたはその価値がない」と伝えていることになります。

あなたはあなたにとって世界一大切な存在なはずです。
あなたが自分を大切に扱わなかったら、いったい誰があなたを大切に扱うのでしょう。
あなたが自分に大切な扱いをしなかったら、あなたの家族はどうやって自分を大切に扱う方法を学ぶのでしょう。

「お金」を主役にするのではなく、「世界一大切で素晴らしい自分」にふさわしい選択かどうか、という視点で考えてみてください。

お金の価格で選ぶと、短期的にはその方が得になるかもしれません。
でも長期的にみたらどうでしょうか？

あなたの心の中で「自分の欲しいものを選べない」というモヤモヤが残っていくので

はないでしょうか。

いつかこの世を卒業する時、**あなたの魂に刻まれるのは「自分が望む人生を送れたかどうか」ということだけ**です。

この本でお伝えしたように、**あなた自身が自分のことを満たす選択をすると、その喜びのエネルギーが宇宙全体に巡り巡って、あなたにお金やその他の素晴らしいプレゼントを運んできてくれます。**

あなたが「喜び」に生きられた時、あなたの喜びの波動が世界中を喜びの世界へと導いていくのです。

どうかあなたの魂が輝く、豊かで美しい人生を歩めますように。

心からエールと愛を込めて

アマーリア香織

著者プロフィール

アマーリア香織（あまーりあ・かおり）

＄ミリオネアコーチ、ドバイ在住。
ごく普通の子持ち主婦が、ある日突然多額の借金と最愛の母の癌闘病生活で人生のどん底に。3人の子どものために人生を変えると決断し、起業。お金と徹底的に向き合い、お金の流れを引き寄せる独自のメソッドを確立。短期間で年商1億円を達成させる。現在、ドバイを拠点に、マインドを書き換え、魂が喜ぶ人生を作る方法を体系化させた「お金がポン！ 講座」を主宰。3年間で約3700名以上が受講している。受講生達は数百万〜約8000万円のお金やチャンスを手にし夢を実現している。

お金から愛されるワークシート PDF プレゼント

Beautiful《ビューティフル》 Money《マネー》 Mind《マインド》

お金《かね》も夢《ゆめ》も引《ひ》き寄《よ》せる魔法《まほう》の法則《ほうそく》

2023年12月11日　初版第1刷

著者　アマーリア香織《かおり》

発行人　松崎義行

発行　みらいパブリッシング

〒166-0003 東京都杉並区高円寺南4-26-12 福丸ビル6F

TEL 03-5913-8611　FAX 03-5913-8011

https://miraipub.jp　mail：info@miraipub.jp

企画協力　潮凪洋介（HEARTLAND Inc）

編集　神志那枝里

ブックデザイン　則武 弥（paperback Inc.）

発売　星雲社（共同出版社・流通責任出版社）

〒112-0005 東京都文京区水道 1-3-30

TEL 03-3868-3275　FAX 03-3868-6588

印刷・製本　株式会社上野印刷所

ISBN978-4-434-33053-7 C0030